THE LIVES OF
LEE MILLER
Antony Penrose

如此自由
李·米勒传

[英] 安东尼·彭罗斯 著　　罗妍莉 译

中信出版集团 | 北京

图书在版编目（CIP）数据

如此自由：李·米勒传 /（英）安东尼·彭罗斯著；罗妍莉译 . -- 北京：中信出版社 , 2025. 4. -- ISBN 978-7-5217-7374-3

I. K837.125.72

中国国家版本馆 CIP 数据核字第 2025NN5366 号

Published by arrangement with Thames & Hudson Ltd, London,
The Lives of Lee Miller © 1985, 1988 and 2021 Thames & Hudson Ltd, London
Text © 1985 and 2021 Antony Penrose
Cover design by Beth Tunnicliffe
This edition first published in China in 2025 by Citic Press Corporation, Beijing
Simplified Chinese Edition © 2025 Citic Press Corporation, Beijing
ALL RIGHTS RESERVED
本书仅限中国大陆地区发行销售

如此自由：李·米勒传
著者： ［英］安东尼·彭罗斯
译者： 罗妍莉
出版发行：中信出版集团股份有限公司
（北京市朝阳区东三环北路 27 号嘉铭中心　邮编　100020）
承印者： 河北鹏润印刷有限公司

开本：787mm×1092mm 1/32　　印张：10.75　　字数：250 千字
版次：2025 年 4 月第 1 版　　　　印次：2025 年 4 月第 1 次印刷
京权图字：01-2025-0319　　　　　书号：ISBN 978-7-5217-7374-3
定价：59.80 元

版权所有·侵权必究
如有印刷、装订问题，本公司负责调换。
服务热线：400-600-8099
投稿邮箱：author@citicpub.com

献给戴维·E.谢尔曼,是他帮我构想出了这本书的名字,并赋予我写作本书的勇气。也献给苏珊娜,假如没有她,本书绝无成书的可能。

目录

第一章　早年生活 1907—1929　　　　　　　　　　　1
第二章　巴黎的超现实主义摄影 1929—1932　　　　　17
第三章　纽约时尚摄影 1932—1934　　　　　　　　　53
第四章　埃及与第一次婚姻 1934—1937　　　　　　　67
第五章　逃离埃及 1937—1939　　　　　　　　　　 101
第六章　《残酷的荣耀》：战时伦敦 1939—1944　　 125
第七章　亲历之战 1944—1945　　　　　　　　　　 163
第八章　虚度光阴：奥地利 1945　　　　　　　　　 209
第九章　最后的华尔兹：东欧 1945—1946　　　　　 223
第十章　带翼之蛇：汉普斯特德和萨塞克斯的
　　　　婚后生活 1946—1956　　　　　　　　　　 265
第十一章　美食、友人和远方 1956—1977　　　　　 309

后记　　　　　　　　　　　　　　　　　　　　　 331
注释　　　　　　　　　　　　　　　　　　　　　 333
致谢　　　　　　　　　　　　　　　　　　　　　 335
图片版权　　　　　　　　　　　　　　　　　　　 337

第一章

早年生活
1907
—
1929

时装模特李·米勒，摄影师李·米勒，战地记者李·米勒，作家李·米勒，古典音乐爱好者李·米勒，高级厨师李·米勒，旅行家李·米勒。在这些截然不同的领域，她都如鱼得水并有所成就。无论哪种身份，她都是那个勇敢无畏的李·米勒。

李是个复杂的矛盾体，既脾气暴躁，又热情奔放；既才华横溢，又无能得无可救药。她终其一生都在努力驾驭自己的脾气，仿佛紧紧攀附在一条失控的巨龙的背上。有时，巨龙获胜了，而她陷入了惨淡的绝望。但绝大多数情况下，她都能掌控局面，与巨龙势均力敌，并战胜自我，扭转逆境。她的成功让人久久难忘。她热爱学习，热爱创造，热爱参与，然后转而去干别的事。按她自己的话说，她对某事的痴迷往往是"不由自主的"，有时仅持续数日，有时则长达数年。摄影是她无上的心头所好，30年后，直至穷尽摄影所能带来的一切刺激，她才终于将之彻底舍弃。

李的兴趣范围非常广泛，而且远不止于业余爱好者杂乱而浅薄的涉猎。无论哪个领域，她都会全身心地投入，至于这种兴趣会给她自身和他人带来怎样的后果，则是次要问题。虽然李十分擅长向他人学习，却鲜有人能影响到她。她穿梭于不同领域的巨擘之间，而她本人几乎无甚改变。孩提时代，在一位优秀的机械工程师——她的父亲西奥多·米勒的监护下,她的性格内核便早已成形,并从那时延续终生。

西奥多·米勒的祖上是来自黑森的德意志佣兵,在美国独立战争后定居于宾夕法尼亚州的兰开斯特。他的父亲在印第安纳州的里士满当砖匠。而当西奥多开始职业生涯时,他的身份是为轮滑鞋制作木轮的机床工人。经过不屈不挠的努力,凭借在国际函授学校获得的各种资格证书,他在工作中步步高升。在后来的岁月里,每当有人指责他固执己见时,他就会不屑一顾地说,所谓的固执不过是毫不动摇的决心。他的女儿遗传了他的诸多禀性,包括倔强的性格、对科学和一切机械永无餍足的好奇心,以及全无顾忌的提问方式。

1895 年前后,在二十五六岁的年纪,西奥多下定决心要环游世界。由于收入所限,他最远只到达了墨西哥的蒙特雷,并在那里的一家钢铁厂谋到一份工作。不幸的是,这次冒险颇为短暂,他在那里感染了伤寒,最后住进了当地的医院。按照惯例,病人的饮食只能由家人提供,而西奥多的家人都不在身边。不过他很幸运,在钢铁厂结交的朋友时不时会给他捎些吃的过来,附近修道院的修女也很仁慈,没有介意他的无神论立场,为他微薄的口粮提供了额外的补充。

身体刚恢复到能承受长途旅行的程度,他便立即返回美国。因为获得了职业发展的良机,他搁置了环游世界的计划。他先是在纽约市布鲁克林的默根特勒莱诺铸排机公司担任工头,随后又去尤蒂卡落锤锻造及工具公司工作,并迅速升任总经理。令尤蒂卡这个地方别具吸引力的是弗洛伦丝·麦克唐纳,她是一位加拿大护士,在圣卢克医院工作。她性格亲切随和,工作勤奋,是来自安大略省的苏格兰-爱尔兰裔移民之女。他们的恋爱长跑持续了许久,西奥多非要等到自己身居高位,足以为未来的妻子提供可靠的家后,才愿意结婚。为了消磨这段漫长的等待期,西奥多说服了弗洛伦丝迁就他最珍视的爱好——摄影。她赤裸着身体，慎重而不失自信地摆好姿势，供西奥多拍摄，遵循彼时的风尚，成为优雅的深褐色肖像照中的主角。

此时，波基普西市的德拉瓦尔离心机公司正饱受劳工问题和罢工事件的困扰，他们听说尤蒂卡有个聪明的年轻人具备难得的管理才能，便派人前来邀请。西奥多被任命为工厂主管，甫一上任，他就彻底改善了工人的工资待遇和工作条件，并解雇了那些依旧心怀不满的人。

西奥多在波基普西定居下来。1904年，维持了一年的异地恋情后，他和弗洛伦丝终于结婚了。她并未立即适应新家的生活。在尤蒂卡等西奥多的时候，她遇到了另一个男人，内心深处泛起了犹豫的涟漪。本着务实的精神，西奥多又把她送回了尤蒂卡，好让她确定自己的心意。几周之后，她回来了，笃定地认为自己还是更爱现在的丈夫。

德拉瓦尔离心机公司是市里规模最大、最负盛名的企业，拥有大约11 000名员工和庞大的销售网络。或许是西奥多在公司里新近取得的地位使然，这对年轻夫妇受到了"美国革命女儿会"的青睐。这是一个以忠诚、爱国的美国家庭为基础的精英社会团体。弗洛伦丝心怀感激地接受了入会邀请，原本一切进展顺利，直到有人来调查她的祖辈，赫然发现她的父母是加拿大人，曾与革命者为敌。更糟的是，西奥多的父母还是被派去镇压革命的黑森佣兵的后裔。弗洛伦丝的申请被即刻驳回了，这件事始终被家里人当作一大笑谈。

1905年，他们的长子约翰·麦克唐纳诞生了。1907年4月23日，伊丽莎白出生。她一开始被称为"丽丽"，后来她又成了父母口中的"蒂蒂"。不过，其他人都管她叫"李"。1910年，她的弟弟埃里克也降生了。凭借着才能和勤奋，西奥多升为经理，全家人搬到了波基普西郊外，住进了奥尔巴尼路上一座占地165英亩[1]的小农场。

管理农场的任务被交给了加拿大人伊弗雷姆·米勒叔叔。他也姓米勒,但跟他们没有任何血缘关系。伊弗雷姆叔叔并不像西奥多那样热衷于创新,他偏爱老办法。西奥多对人对事都十分豁达,可不巧在他眼里,一味循规蹈矩是绝对难以接受的。最终,伊弗雷姆叔叔被迫离职,被另一位更有远见的经理吉米·伯恩斯所取代。没过多久,这座农场成了一处试验田,德拉瓦尔离心机公司生产的所有新型挤奶机器和奶油分离设备都在这里接受测试。

得益于在德拉瓦尔离心机公司的职位,西奥多先后数次造访其位于斯德哥尔摩的母公司,他利用这些出差机会见识了斯堪的纳维亚半岛的情况,并把接触到的新观念悄然铭记于心。某年冬天,他从斯德哥尔摩返回后不久,说他疯了的消息传得沸沸扬扬:有人亲眼看见他站在几块尖头木板上,从山上滑了下来。这是波基普西居民第一次见识滑雪运动。没过多久,米勒家的三个孩子和几个邻居就都装备上了西奥多制作的滑雪板。

在李和她的兄弟眼里,农场就是一座巨型游乐场。父亲鼓励孩子们冒险,并竭尽所能地培养他们对科学的兴趣。在哥哥约翰的带领下,他们在一条小溪旁造了一台水车,又用木材建了一条轨道,轨道从山谷的一面沿山势而下,再爬上另一面的山坡。火车头和煤水车的轮子是在德拉瓦尔离心机公司的工厂里铸造出来的,但车上没有发动机。孩子们为火车头提供动力的方式是将其拖到轨道最高处,置于山坡上,然后猛地抽掉卡在车轮下的木楔。在两面斜坡之间的平地上,约翰设置了两组道岔,铺设了一条短短的平行轨道,充当让车道。这一设计让火车头和煤水车可以从轨

---

[1] 1英亩约合4046.86平方米。

道两端同时发车,旁边的两个人会在一瞬间切换道岔,从而避免两车迎面相撞。

这些游戏既危险又刺激,往往需要借助某些技术。李最喜欢的玩具是一套化学实验用品,这是一套神奇而精致的收藏品,包括多种化学仪器和化学制品。在漫长的冬季,她经常一连数日忙于调制药剂,制造出刺鼻的气味,同时温和地忍受埃里克的干扰。不知不觉间,姐弟之间的这种相处模式不仅为她后来的摄影工作奠定了基础,也培养了二人的团队协作素养。

摄影就像其他事物那样,自然而然地融入了李的生活,成为她生活的一部分。西奥多将楼梯下逼仄的储物间布置成暗房。他的相册里收有很多火车头、战舰、桥梁、水坝、道路和各种奇景的照片,他会在上面精心标注。例如,1910 年在某次展会上拍摄的一架早期双翼飞机的照片,其说明文字是"首次乘坐重于空气的机器飞行"。然而,这些伟大的现代工程和机械只能屈居次席,相册里俯拾即是的是与李有关的记录。凡是可以拍照留念的事件,比如"蒂蒂满三个月的生日",都被用一张张小小的快照充满爱意地记录下来了,还配上了用打字机认真敲出的说明文字。西奥多拍摄了大量的小照片,沉湎于身为人父的舐犊之情中。

西奥多和弗洛伦丝都很享受剧院带来的轻松乐趣,夫妇俩经常带孩子们去看戏。将近 50 年后,李这样写道:

> 我平生看的第一场戏是在波基普西歌剧院。演员名单里竟然包括萨拉·伯恩哈特,这说起来似乎不可思议,但确有其事,令人难以忘怀。她在一张躺椅上表演了"她最伟大的角色的一个精彩片段",随后以纹丝不动的裸体呈现,颇具艺术气息,这是对希腊雕塑的模仿

(铁青的雕塑,在聚光灯下微微颤抖)。现场还播放了一段名副其实的"电影",作为开幕表演。

  作为一个七岁的孩子,我对死在矮沙发上的圣者萨拉有着相当病态的兴趣。我不懂法语,但她饰演的波希娅表现出了恳求的姿态,显得十分急切(在这一片段中,她直起了身子),裸体只是增添了艺术感而已。开头的"电影"相当刺激,一辆火花四溅的火车在隧道内和高架桥上飞驰,主人公就是勇敢的摄影师本人。他反戴着帽子,获得了"危险表演费"作为报酬。在穿越峡谷的弯道上,列车几乎首尾相接……车速快得让人头晕目眩,没有任何物体是静止的,我兴高采烈地欢呼,把包厢栏杆上价值八美元的流苏都给拽掉了。[1]

  李七岁那年,因为母亲生了一场小病,她被送到布鲁克林的友人家暂住。那家人的小儿子在美国海军服役,在李逗留期间,他正好在家休假。他与李的关系究竟怎样,个中细节无从得知,但可以肯定的是,李遭到了性侵。这件事严重地伤害了她。她回家后才被发现感染了性病。当时青霉素尚未问世,唯一的治疗方法就是用氯化汞进行冲洗。当过护士的弗洛伦丝为她实施治疗,整个过程令母女俩无比痛苦。

  为了防止形成严重的情感创伤,弗洛伦丝和西奥多向精神科医生寻求帮助。医生的建议是让李相信性和爱是分离的——性只是一种生理行为,与爱并无明确的联系。他们希望借由对性的轻视,使她避免因负罪感而产生激烈的反应。这种治疗的效果无从判断,因为短短几年后,李又遭遇了另一场刻骨铭心的悲剧。

  在一个不知具体年份的夏日,年少的李初次坠入爱河,迷恋上了当地一个少年。在她心目中,他俊美、风趣,而且像她一样热衷冒险,他简直成了她所有向往的化身。一个炎热的下午,他们一起去湖上划船。没人知道他究竟是从船舷边跌了下去,还是开玩笑地主动跳入了水中。总之,那个少年很快便心力衰竭,当场就死去了。以上两件事给她留下的伤痕终生未消。

李的父母想方设法帮她挺过这些噩梦,他们对她的纵容到了无以复加的地步。李很快便开始懂得利用父母的仁慈,这不足为奇。通过孩子天真而合乎逻辑的思考,她意识到,自己的独特地位不仅能让她逃避家务琐事,她还可以凭借巧妙运筹,将家中大部分事务转化为对自己有利的局面。

无论她在家里怎样自行其是,到了学校里却完全是另一回事。若某一门学科不能勾起她的兴趣,那她不论受到怎样的压力,也不会专心去学。在家里,李愿意全身心投入自己的事情中,而在学校,没有什么能使她屈服于权威。她借由一连串巧妙、疯狂的恶作剧来宣泄不满,于是免不了被一所接一所的学校开除。

看到自己培养的孩子身上那股初生牛犊不怕虎的叛逆精神,西奥多既自豪,又懊恼。他一直在寻找新的学校,每一所学校的校规似乎都比前一所的更为严苛。虽然他本人信奉无神论,但这些学校主要是由宗教团体运营的。压死骆驼的最后一根稻草是,李弄到了某种用于医学诊断的蓝色染料,她偷偷让一个老实的同学吃了下去。那个可怜的姑娘一看到自己排出的亮蓝色尿液,就变得歇斯底里起来。大家实在受够了,李又被开除了,这回再没有学校愿意接收她了。

一个意想不到的人——科卡辛斯基女士伸出了援手。她是一个来自波兰的未婚女子,曾在普特南霍尔私立学校教法语,李过去在这所学校就读过一阵子。科卡辛斯基女士提议,她和她的同伴可以把李带去巴黎,让李在那里接触一下欧洲的古典艺术和文化，这可以帮助李安心定志。旅途的最后，李还可以在法国尼斯的一所女子修身学校学习一段时间。李对此非常兴奋，西奥多和弗洛伦丝也很快被说服了，不再有所顾虑。毕竟，这个办法或许可以解决李棘手的教育问题，有这样两位正直的女监护人随行，李不可能受到伤害。

1925 年 5 月 30 日，米勒全家前往纽约，为即将乘坐"米娜哈哈"号轮船的李送行。李心里一直很清楚，要糊弄这两位同伴并不难，没过多久，事实便证明她是对的。当轮船在布洛涅停靠时，科卡辛斯基女士因为法语太差，连一辆出租车都打不到。闹剧一场接着一场，李事后回忆说："不知道怎么搞的，她们在巴黎找到的第一家旅馆居然是一家妓院。我的监护人花了五天时间才明白这件事，但我觉得太妙了！我要么将身子探出窗外，看着顾客来来往往，要么看着走廊里的鞋以高得惊人的频率更换。"[2]

初次巴黎之行令人心醉神迷，这正是李一直在等待的催化剂。这次旅行远不如她父母所期望的那样，给予她心性上的熏陶，反而让她接触到了她冥冥之中一直在渴求的世界。她和两位监护人逗留了一段时日，熟悉了一下这座城市，然后就逃走了。

李很快学会了如何照顾自己，并向父母宣布她想做个艺术家。在震惊平复之后，他们勉强答应了她，替她付了学费。李得以入读刚开办不久的迈杰什戏剧技能学校，这所学校位于巴黎的塞弗尔街，经营者包括拉迪斯拉斯·迈杰什和厄诺·戈德芬热，前者是一位颇有才华的舞台设计师，后者日后成了著名的建筑师和城市规划师。

李算不上学校里的明星学生。她年方十八，喜爱交际，美得不可方物，她的美完全合乎那个时代的风尚。比起学习，她更想庆祝自己刚刚赢得的自由。在正规学业之外，她所学的是如何成为一个无拘无束、可以掌控自身命运的女人。她来到巴黎时，正值"迷惘的一代"幸存者的鼎盛期，恰如F.斯科特·菲茨杰拉德所形容的："这代人长大以后，发现所有的神都辞世了，所有的仗都打完了，所有对于人的信心都动摇了。"自由自在是美德，对享乐的追求令人迷醉。

巴黎是艺术革命的温床。信奉虚无主义的达达运动源自对第一次世界大战的血腥屠戮的反感，这一运动后来又让位于超现实主义的思潮。安德烈·布勒东引用阿波利奈尔的话，形容超现实主义运动"是纯粹的精神自动症，旨在通过口头、书面或其他方式来表达真正的思考过程。它是思想的口授，既不受理性的支配，也不受任何审美或道德的羁绊"。梦境、幻觉和想象是这场运动的基础，自由主义是其风格。要想追求个人自由，李再无可能找到更好的时机了。

一些艺术家的作品在日后被认为具有里程碑意义，此时他们正处于声名鹊起的前夜。乔治·德·基里科如梦似幻的风景画标志着一个时代的开端。诗人保罗·艾吕雅和安德烈·布勒东，画家马克斯·恩斯特、马塞尔·杜尚、安德烈·马松、伊夫·唐吉和勒内·马格里特等，都是革新传统的年轻斗士。此外，毕加索、布拉克和米罗都有自己独特的风格，他们的作品与超现实主义者的可谓异曲同工。

摄影界的主导者是曼·雷，他是一位年轻的美国摄影师，但更愿意被人视为画家。除了精湛的肖像摄影技法之外，他还制作被他称为"实物投影法"的无相机照片。他的方法是将一组实物放在感光纸上，使其暴露在光线下，再以正常方式显影。如此往往可以得到多重曝光的效果，实物白色或灰色的阴影构成了如梦似幻的图案。这种将实物任意并置的拍摄法对超现实主义者极具吸引力，但老牌摄影师对曼·雷嗤之以鼻，称他"不过是个狡猾的暗房骗子"[3]。

高级时装的潮流则由香奈儿、帕图和勒隆引领着。他们利用白天穿的运动装打造出了具有少年气的简约风格。这种饰有绣珠的紧身晚礼服轮廓鲜明、活泼灵动，十分适合李，仿佛是专为她设计的。在舞台上，佳吉列夫和马辛的芭蕾舞剧风靡一时。让·科克托和克里斯蒂安·贝拉尔是设计界冉冉升起的新星，不过当时科克托还是以其诗歌闻名于世。格特鲁德·斯泰因、埃兹拉·庞德、福特·马多克斯·福特和欧内斯特·海明威则在文学星空中熠熠生辉。

这些富于创造力的人在历史上声名赫赫，而其中究竟有谁曾与李有过接触，这一点难以完全知晓。无论是否见过这些人，她无疑深深地受到了他们的影响，她不肯回家也就不足为奇了。直到1926年秋天，西奥多亲自赶到巴黎，硬是把她拖回了波基普西。

农场的生活自然无法与巴黎的相比，于是李开始常常去纽约旅行，而且逗留的时间越来越长，以此摆脱父母对她的依恋。最后，她入读了艺术学生联盟[1]，那里主要教授戏剧设计和舞台灯光方面的课程，但对她而言，上学不过是个继续在大城市生活的借口。她兴致勃勃地投身其中，在享乐主义的旋涡里匆匆度过学生时代的社交生活。西奥多给予她的资助不多不少，使她能在东49街一座褐色砖石建筑里租下一间小公寓。为了让生活多点刺激，她开始为一些剧场表演接受舞蹈训练，她在节目《乔治·怀特的丑闻》中短暂地露过面，还参与了一家夜总会名为《大诱惑》的节目的排演。

在金伍德公园度周末的时候，李会帮助沉迷于摄影的西奥多。他购买

---

[1] 1875年在纽约曼哈顿成立的一所艺术学校。

了一台立体照相机，可以在一张 85 毫米 ×170 毫米的硝酸盐底片上同时拍摄两张照片。当使用配有棱镜的设备观看接触印相照片[1]时，两张照片上的图像就会融合在一起，产生三维立体效果。不消说，桥梁等工程奇观是他经常拍摄的摄影题材，但他还有一个不为人知的爱好——拍裸体照。李在室内和室外给他当过无数次模特，她姿态沉静、泰然，有时略显庄重。只有在与裸体女伴们一起出镜时，她的自我意识才会在镜头中悄然显现。

倘若不是一起险些改变一切的事故，李的青葱岁月或许就这样悄然流逝了。有一天，她在纽约街头过马路时，不小心迎面走到了一辆汽车的前方。就在她与汽车近在咫尺时，一旁的人猛地把她拽了回来，她随即瘫倒在那人的怀里。她的救命恩人正是白手起家的新晋杂志大亨——康泰·纳仕[2]。4 惊恐之下，李开始用法语咿咿呀呀地乱说一气，加之她身上的欧式衣装，这必定引起了康泰·纳仕的兴趣。他们成了朋友，纳仕邀请李担任《时尚》杂志的模特。她迅速走红，很快其面孔就出现在 1927 年 3 月刊的封面上。这张图片由乔治·勒帕普设计，背景是曼哈顿的璀璨灯火，在蓝色钟形帽的帽檐下，她的目光锐利、果决，与身上精致而艳丽的服装形成了鲜明对比。

爱德华·斯泰肯与德·迈耶男爵正在角逐"全世界收入最高的摄影师"这一头衔。斯泰肯是康泰·纳仕的密友，也是《时尚》杂志的主要摄影师，所以对李而言，被派去当他的模特是很大的荣耀。很快，李开始定期为他做摄影模特，在《时尚》以及康泰纳仕出版集团旗下的其他杂志

---

[1] 接触印相照片指将底片直接置于相纸上，经曝光、冲洗而成的照片。
[2] 美国出版大亨，他于 1909 年创办康泰纳仕出版集团，旗下有《时尚》《名利场》等多个国际知名杂志品牌。

上现身。在斯泰肯眼里，对二十五岁上下的年轻人的时尚风格而言，李是理想的模特。她身材高挑，举止得体，有着一头漂亮的金发，侧影流露着坚强的气质，这与斯泰肯本人干练、优雅的摄影格调相契。她身上有一种超然的风度，而且她本人相当上镜。斯泰肯赋予了她远超其实际年龄的老练，这与她身上那股不羁、自在的气质十分吻合，取代了所谓"美好年代"[1]残存的气息。多年以后，回想起那段时光，李说："我那会儿漂亮得不像话。我外表像个天使，内心却是个恶魔。"

也有少数几位摄影师让李表现得像个不失浪漫情怀的少女，阿诺德·根特便是其中之一。他所拍摄的肖像照焦点显得内敛、柔和。此外，他为李拍照或许是出于爱慕，而不是为了金钱。这令李的形象呈现出一种精致和脆弱感，再未有摄影师做到这一点。根特已经年逾七旬，但人们经常看见他站在通往李的公寓的楼梯顶上，手里握着三朵红玫瑰。李很喜欢这位睿智、温和的老人，经常连续数小时倾听他关于艺术和文化的高论。

她还与弗兰克·克劳宁希尔德建立了长久的友谊。克劳宁希尔德是《名利场》杂志的编辑，有时被称为"康泰·纳仕的斯文加利[2]"，他的言论也值得一听。纳仕并无他本人所向往的那种翩翩风度，而克劳宁希尔德对高雅品位有着玄奥的理解，纳仕不免受到其观念的左右。

除了这些饱学之士，李还有许多同龄朋友。波基普西的贝尔·范·德尔·沃特和阿蒂达·沃纳是她的好友，不过说起她最亲密的朋友，还要数艺术学生联盟的塔尼娅·拉姆。塔尼娅的父母是挪威人，她容貌美艳，深色的秀发和眉毛与李形成了鲜明的视觉对比。她们会一起去康

---

[1] 指法国乃至欧洲历史上的一段时期，大约始于1870年拿破仑三世被俘以及法兰西第三共和国建立，随着1914年第一次世界大战开始而宣告结束。
[2] 小说《特丽尔比》中的角色，后指心怀邪念、操纵他人的人。

泰·纳仕位于公园大道1040号的公寓，参加在那里举办的时髦聚会。纳仕就像一位在色板上调色的绘画大师，在宾客名单里掺杂了形形色色的人物。他的杂志页面仿佛活了过来，聚会上既有来自社交界、商界和戏剧界的精英，也有少数像李和塔尼娅这样青春年少的美人，为本就星光灿烂的场面增光添彩。

李的周末一般是在金伍德公园度过的，西奥多和弗洛伦丝总是热情地欢迎她的朋友，尤其是那些姑娘。西奥多会拜托她们充当立体照片的裸体模特。约翰已经成为一名航空界的先驱，他在谷仓里修复了一架损毁的双座标准J1双翼飞机。他是出色的飞行员，而后拥有了几种不同型号的飞机，包括一架旋翼机。李和她的朋友们偶尔会被邀请乘坐他的飞机在附近转转——一般是他们家宅子的上空。

李过着自由不羁的生活，尽管如此，当在1928年7月发现自己有一张照片被用于高洁丝牌卫生巾的广告时，她还是深感震惊。这是第一次有人把模特的肖像照用于这种用途。在那个年代，人们普遍认为这些女性用品过于敏感且不宜被谈论，若有谁任自己的形象被用于此类产品，会被看作是在自轻自贱。这则广告出现在了美国所有流行杂志上，如今，只有大规模电视广告的覆盖率才能与之相提并论。抗议信件如潮水般涌向杂志社和广告公司，其中最激烈的抗议者是李的追求者阿尔弗雷德·德·利亚格尔。针对这次事件，他直接向康泰纳仕出版集团发难。但所有抗议都没有用。李当初在模特合同上签了字，广告公司完全拥有这么做的权利。这批广告一直刊登到12月，到这个时候，看见自己激怒了那么多一本正经的人，李的震惊已经演变为深深的自豪。

对李而言，她在纽约取得的成功不过是在消磨时间。她固然喜欢大型模特工作室那种刺激的生活，也乐于接触社交名流和知识精英，但比起巴黎那段目眩神迷的学生时代，这些依旧不算什么。如今她二十二岁了，一心想回到巴黎。斯泰肯把她介绍给曼·雷，康泰·纳仕指引她去找法国版《时尚》杂志的经营者乔治·霍伊宁根-许纳，还有一位时装设计师给她布置了一项小小的研究任务，承诺她能赚点小钱。她抓住了这些机会，在塔尼娅的陪伴下，她订了一张"格拉斯伯爵"号客轮的船票。

李与德·利亚格尔（后来他成了百老汇剧院一位出色的制作人）的爱情汹涌澎湃，充满争吵与激情。在他的共谋下，李把自己的感情一分为二，一半给了他，另一半则给了一位名叫阿盖尔的加拿大年轻飞行员。阿盖尔与德·利亚格尔是很好的朋友，这让这段三角恋变得轻松了些。等到李即将离开的那一天，他们二人用抛硬币的办法来决定谁去码头为她送行。德·利亚格尔赢了，不过阿盖尔也找到了自我安慰的办法——当李的客轮沿哈得孙河顺流而下时，他驾驶 JN-4 "珍妮"双翼飞机，从客轮上方低空掠过，将红玫瑰抛撒在上层甲板上。之后，他又返回罗斯福机场去接一名学生。单人飞行时，"珍妮"双翼飞机上的飞行员一般会坐在前座舱操纵，而在双人教学时，学生会坐在前座舱，这样一旦学生吓得呆若木鸡，教练就可以用扳手将其敲晕，从而接管飞机的控制权。这次飞行中，阿盖尔兴许是被离别的情绪冲昏了头脑，他让飞机停留的时间只够学生爬进后座舱。起飞几分钟后，飞机旋转着坠落在地，阿盖尔和他的学生当场死亡。与此同时，李正沉浸在船上的社交生活中，对恋人的惨死一无所知。

第二章

巴黎的超现实主义摄影

1929
—
1932

李和塔尼娅在巴黎短暂停留，随后坐上了开往佛罗伦萨的火车。在一位年迈的艺术品经销商的指点下，她们参观了这座城市，在邻近的山城游玩。李的研究任务本身并不重要，但在无意中成了一个意义非凡的契机。

她的任务是为文艺复兴时期绘画中的搭扣、蝴蝶结、蕾丝和其他服装装饰品绘制极为精细的图样，并将这些图样寄回美国，供时装设计使用。这项工作单调、烦琐，又要求很高，不久之后，李便开始试着使用相机。以今天的眼光来看，这似乎没什么特别的，可在当时，她能用的设备只有一台柯达的折叠相机，以及一个纤细的便携式三脚架。要想摸索摄影技术，在昏暗的光线下用低速胶卷拍摄特写镜头，无疑是一个极艰难的起点。不过，在学习一门技能时跳过入门阶段正是李的个人风格。据说李的赞助者对她的工作成果十分满意。

她们从佛罗伦萨前往罗马，塔尼娅在那里与李分道扬镳，去拜访德国友人，李则独自返回了巴黎。她最初打算继续当时装模特，可现在她有了另一个想法——成为一名摄影师。曼·雷被认为是巴黎最了不起的摄影师，李没有成为他的模特，而是成了他的学生。

她找到了曼·雷位于第一乡村街31B号一层的工作室，这是巴黎最难看的一座新艺术主义风格建筑。令她失望的是，门房告诉她，曼·雷已经到比亚里茨去了。急不可耐的李扑了个空——只有此时此刻的事才能吸引她,当一个月后曼·雷回到巴黎时,她这个大胆的想法应该早就烟消云散了。她愁容满面地离开,走进附近一家名叫"醉舟"的咖啡馆,点了杯加足了冰的茴香酒。就在这时,曼·雷出现了。

  他仿佛是从一截圆形楼梯的上边直接冒出来的。他看起来就像头公牛,身形奇特,眉毛和头发的颜色都很深。
  我大胆地告诉他,我是他的新学生。他说他不收学生,而且他马上要离开巴黎去度假了。我说我知道,我要跟他一起去。于是我就去了。我们一起生活了三年。大家都叫我"曼·雷夫人",因为在法国,人们就是这样的做派。[1]

  事实根本不像她所写的那么轻松,因为此时曼·雷正与卡巴莱歌舞艺术家"蒙帕纳斯的吉吉"同居。吉吉对她的情人充满爱意和醋意,两种感情同样激烈,这一点尽人皆知。吉吉曾经在咖啡馆恶狠狠地冲着曼·雷谩骂,朝他扔盘子,但过了一段时间,她逐渐冷静下来,最终对李变得相当友好。

  除了都是工程学和科学的爱好者之外,在许多方面,曼·雷和李的父亲都有着惊人的相似之处。如亨利·米勒在《在好莱坞追忆曼·雷》一文中所写的:"他可以让一切焕然一新,即使是无足轻重的事,他也乐于考虑和琢磨……理解陌生事物对他而言并非难事,因为在他眼里,从来没有什么陌生事物……他的好奇心无可抑制,常常把他带向远方。他不仅是画家和摄影师,还是冒险家和探索者。"[2] 这些话同样准确地描述了西奥多的为人,当然,李也是如此。

李和曼·雷的伴侣关系让彼此获益良多：她做他的模特，他做她的老师。他们一起生活，彼此相爱，但这并不容易。即使对全情投入的超现实主义者而言，自由恋爱的原则也必然与占有和忌妒的本能相抵触。李比大多数人都更加相信这一点。在她那里，对现任情人的忠诚与她自身的性欲几乎从不冲突。她说，她完全有权和任何自己选中的人上床，为什么这会影响到她所爱的人？在很大程度上，自由恋爱的信条都是从男性立场构建的。李揭露了这种双重标准的虚伪，这令她身边的男人懊恼和迷惘。在描述佩奇－布伦特伯爵夫妇精心举办的化装舞会时，曼·雷坦诚的言语中带着一丝愠怒：

> 舞会的主题是白色，随便穿什么衣服都可以入场，但必须是白的。花园里是宽敞的白色舞池，乐队隐藏在灌木丛中。他们要求我构思一些额外的亮点。我租了一台电影放映机，安装在楼上的一个房间里，房间的窗户正对着花园。我找到了经过手工上色的法国电影先驱梅里爱的胶卷。当成双成对的人身着白衣，在舞池的白色地板上旋转时，电影中的画面就被投射到这移动的屏幕上。不跳舞的人可以从窗户俯瞰下面的场景。投影的效果十分奇特，影片中人物的身形和面孔都扭曲了，但依旧可以辨认。我还在另一个房间里安装了相机，好给客人拍照。
>
> 为了呼应舞会的主题，我穿的是网球运动员的白色球衣，还带了一个助手——当时跟我学习摄影的李·米勒。她也打扮得像个网球运动员，穿的是时髦的短裤和短衫，这身行头是由著名的女装设计师维奥内夫人专门设计的。她身材苗条，一头金发，还长了一双可爱的腿，经常被人请去跳舞，留下我一个人专心摄影。她的成功让我高

兴，但我又很气恼，不是因为增添了额外的工作，而是出于忌妒——我爱上她了。随着夜幕降临，我看见她的时间越来越少，我笨拙地摆弄着器材，也不知胶片还剩下多少。终于，我停止拍照，到楼下供应自助餐的地方喝了一杯，然后离开了舞会。李在舞蹈间隙不时对我说她玩得有多开心，男人们都对她无比殷勤。这是她初次进入法国社交界。[3]

李的学习速度很快。对她而言，摄影在技术层面上很容易，她将暗房里严苛的工作标准视为挑战，而非烦琐的苦差。更重要的是，曼·雷让她对自己的眼光有了信心，与他那些超现实主义友人的交往也激发了她的想象力。

后来的颠沛流离使她早期拍摄的照片鲜有存世的，而且奇怪的是，她也轻视自己的作品。留存下来的少数照片表明，她以一种微妙、冷静、优雅的眼光看待自己所在的世界。这些影像坦率而直接，富有感知力，超现实主义对她的影响往往以某种巧妙的对比体现出来。她的风格纯粹而天真，拍照只是为了照片本身。

大部分作品都是先在尺寸较小的玻璃板上完成的，然后再加以放大。李曾经这样描述曼·雷布置的暗房："暗房比浴室里的地毯还小。一个内层涂着耐酸漆的木制水槽，还有一个大冲洗盆，上面摆着水箱，流经水箱的水会把照片冲洗好。对于固定和清洗照片，曼的态度绝对称得上一丝不苟。"[4]

每隔一段时间，她就会暂时放下曼·雷那里的课业，到巴黎《时尚》杂志的工作室去，给乔治·霍伊宁根-许纳当模特。他是一位流亡的前白俄男爵，当时已是著名的时装摄影师。据说他会将模特吓得胆战心惊，这也令笼罩在他头上的光环更加耀眼。李对他表面上的咄咄逼人无动于衷，她温暖的个性最终使她赢得了一段长久的友谊。在巴黎期间，李一直在为他当模特，尽管他不喜欢自己的模特与其他摄影师合作，但他对李的评价相当高，也忽略了她为别的摄影师做模特的事实。

霍伊宁根－许纳成功的关键，在于他对摄影棚灯光的纯熟掌控。通过与他合作，李很快从他那里学来了许多技巧。她有魅力和强烈的好奇心，还懂得如何让人们解释自己手头的工作。给霍伊宁根－许纳当模特，更像是在接受专门的辅导，让李得以同时体验镜头前与镜头后的工作。接下来的三年里，她的形象出现在印刷精美的杂志和摄影集上，这为她赢得了很高的声誉。塞西尔·比顿在多年后回忆那段时期时谈道："此时，另一位美国人李·米勒……剪短了她的浅色头发，仿佛在阳光下走过亚壁古道[1]的牧羊少年。只有雕塑才能与她微微上翘的嘴唇、长而慵懒的浅色眼睛和石柱般的颈项媲美。"5

当时，霍伊宁根－许纳的助手是一位英俊的德国青年，名叫霍斯特·P. 霍斯特。霍斯特刚接触工作。为了丰富自己的作品集，他把李请来当模特。他绞尽脑汁，为李拍摄了一张肖像照，照片中的李拈着几朵铃兰，面带惆怅。他得意地把最终的照片拿给李，她赞许地叫道："哇！简直就像狂风呼啸！"霍斯特误以为她在非难自己，决心以后再也不给她拍照了。几周后，当李用餐盘盛着一只被切下的乳房走进工作室时，他的反感变得越发强烈。来工作室前，她在医院观看了一场乳房切除术，向外科医生索要了切下的乳房，用一块布将之遮盖起来，带着它走街串巷。她打算在其周围摆上餐具，作为超现实主义的摄影对象。法国版《时尚》杂志

---

[1] 建于古罗马时期的一条古道，位于意大利。

的总编米歇尔·德·布吕诺夫吓坏了，把李和她拿来的乳房赶了出去，但她先前已经趁机给它拍了张照片。[6]

给曼·雷当了大约九个月的学徒后，李开始自己承接《时尚》和其他杂志的摄影工作。李和曼·雷二人相互尊重的标志在于，当他们的名声被旁人错误地归为对方的功劳时，他们谁也不会介怀。曼·雷把许多工作都交给了李，好让自己腾出精力自在地作画，不过李称她接手的都是曼·雷不想做或报酬低的活儿。他们两人一起为巴黎配电公司制作了500本影集，由皮埃尔·博斯特作序，赠送给公司的高端客户。李后来回忆道："使用裸照……对职员而言有点棘手，因为这是一家公用事业机构。一天晚上，我们为协和广场拍摄了一张美丽的照片（是我借用别人的屋顶拍的），后来发现广场被照得灯火通明，让我们深感震撼！"[7]

在他们二人共同取得的成就中，最著名的是对"负感作用"技术的探索。数年前，曼·雷曾经见过一张斯蒂格利茨拍摄的过度曝光的照片，那张照片被当作废片丢弃了，曼·雷起初并未想过如何利用这种技术，直到李在幸运之神的眷顾下遭遇了一次意外：

> 在暗房里，有东西从我脚上爬了过去，我大叫一声，打开了灯。我一直没弄明白那到底是老鼠还是别的东西。然后我反应过来，底片已经彻底曝光了。显影槽里有一沓几乎已经完全显影的底片，上面是裸体与黑色的背景。曼·雷一把抓过那些底片，将之放进显影液里，注视着它们。底片上原本未曾曝光的部分——黑色的背景——在忽然被点亮的灯光下曝光了，也开始显影，正好紧贴在白色裸体的边缘……这个偶然的发现完全源自我干的好事，后来曼开始研究如何加以控制，以便每次都能得到他想要的效果。[8]

这些都是他们在艺术上联手合作的结晶。

有一次，曼·雷对着李的头部拍了一张低角度的柔焦照片，重点突出了她的颈项。拍摄结果不尽如人意，他便把底片丢了。李找回底片，小心地将之冲印成照片，尽心加以增色和完善，直至对照片感到满意。曼·雷原本对她感到钦佩，但随即被激怒了，因为李声称这是她自己的艺术作品，而不是他的。这场争吵短暂而激烈，最后又按照老样子结束——曼·雷把李赶出了工作室。几小时后，等她重新进门，她发现自己的照片被曼·雷用大头针钉在墙上，照片上的喉咙被剃刀划破了，鲜红的墨水如瀑布般从伤口滚滚涌出。[9]如同对待生命中的其他创伤，曼·雷试图在作品中升华这次经历。在他的画作《艺术家的住所》中，他描绘了一段纤柔的脖颈从一堆杂乱的物体中伸出的画面。看得出来，这些都是工作室里常见的杂物。李的头颅沦为了一件物品，被包含在这一视觉背景中。这幅画所揭示的内容或许超出了曼·雷原本想表达的范畴。

尽管李以摄影师身份拍摄了各种作品，但不论当时还是今日，人们记得最为深刻的还是她的模特形象。曼·雷有许多著名的肖像照和裸体照都是以她为模特拍摄的，她的形象广为人知。曼·雷有一件作品叫《雪球》，这个作品"由一个装满水的玻璃球组成，水里漂浮着一张女孩（李·米勒）眼睛的照片，尺寸稍大于实际的眼睛，当球体颤动时，她的眼睛便被白色的暴风雪所笼罩"[10]。

有玻璃制造商以她的乳房形状为灵感，设计了一款香槟酒杯。《时代》杂志刊登了一篇关于曼·雷的文章，并配上了李为他拍摄的照片。文末评论说，李·米勒"因拥有巴黎最美丽的肚脐而广为人知"[11]。西奥多并不觉得这话好笑。他责成《时代》杂志刊登了一封他的信，信中表示："这篇文章中涉及李·米勒小姐的文字非常无礼，而且很不真实。"[12]随后，《时代》杂志的编辑公开道歉，称这篇文章所依据的信息有误。

此时，李已经拥有了自己的公寓和工作室，地点在维克多·康西德萨姆兰特街 12 号，步行十分钟便可到达曼·雷的工作室。这座高大的水泥饰面建筑建于 20 世纪 20 年代，坐落在街道的尽头，整条街上都是古老的石制房屋。从这座建筑可以俯瞰相邻的蒙帕纳斯墓园。在街道另一头，贝尔福雄狮像守护着当费尔－克罗什罗广场。与蒙帕纳斯的许多建筑一样，这里也是专为艺术家设计的，有六套独立的复式工作室。李没花费什么力气，便将她的那套房子改造成了摄影工作室。工作室很简陋，只有寥寥几盏灯、一卷背景纸和一间小暗房。为了完成更复杂的工作，她经常借用曼·雷的设备。她用五彩斑斓的雪纺装饰墙壁，上面用饰钉固定着一些彩色的德国留声机光盘，形似巨大的果糖。床的上方悬挂着曼·雷设计的挂毯。

李很快发现，找她拍摄肖像的客户都是一批一批地来的。最先来的是王公贵族，如库奇比哈尔邦的王公夫人、明迪的公主、瓦隆布罗萨公爵、阿尔巴公爵夫人。随后上门的是文学界人士，接着是十几人一拨儿的孩子。虽然李不喜欢除了猫以外的任何动物，但因一次偶然的机会，宠物也成了她拍摄的对象。起先，她为一位法国女名流拍了照片，几天后，这位女士又来找她，想给自己的宠物蜥蜴拍一幅肖像照。李为这只栖息在红海兰花朵上的小生灵拍了照片，并大胆地收取了 100 美元的费用，这相当于给孩子拍照的费用。

这间工作室让李实现了她所渴望的独立生活。虽然大多数时候曼·雷会在那里留宿，但他们二人各有各的生活和朋友。次年春天，塔尼娅·拉姆返回巴黎，和李一起住了几周。在此期间，塔尼娅谋到了一份稳定的工作，她在女装设计师曼波彻手下担任模特兼实习设计师，曼波彻曾经是

《时尚》的编辑。

1930年，李的弟弟埃里克来巴黎游玩。下船后，李和曼·雷见到了他。他刚满二十岁，正享受着人生中最好的年华，美丽而浪漫的法国令他迷恋不已。在从纽约起航的游轮上，他爱上了他后来的新娘——来自俄亥俄州的玛丽·弗朗西丝·罗利（昵称"玛菲"）。这段缘分也让他对法国的第一印象更好了。

一开始，李带埃里克和玛菲见了《时尚》工作室的霍伊宁根-许纳。他们一起在附近一家餐厅的室外用午餐。埃里克回忆道："霍伊宁根-许纳在餐厅里点了一杯温热的香槟，上面漂浮着酒沫。他要了一块奶酪，将之切成极小的方粒——大小肯定还没有两立方毫米——然后优雅地把奶酪粒放进香槟酒，酒沫就消失了。他悠然地喝着香槟。我觉得这是一种有教养的表现。"[13] 用罢午餐，他们回到工作室，霍伊宁根-许纳热情地分别给李和埃里克、埃里克和玛菲拍了合影，还给玛菲拍了单人照。

李结交了许多超现实主义者，但她不愿卷入这些朋友之间的争斗。让·科克托请她出任《诗人之血》的女主角时，她的朋友们高声抗议。她与曼·雷也发生了激烈的争吵，曼·雷对科克托既忌妒又蔑视。李出演这部电影的机会来得很偶然，某天傍晚，在一家名为"屋顶上的牛"的夜总会里，行事张扬的科克托正询问他的朋友，他应该找谁来为影片中的雕像角色试镜。李跳了出来，很快便让科克托确信这个角色就是为她量身定做的。曼·雷也是电影制作人，当他发现这部电影是由自己以前的赞助人——查尔斯·德·诺瓦耶子爵资助的时候，他一定备感难堪。李与曼·雷争吵了数月，她最后仍去拍了这部电影。

影片中的服装和化妆技术并未给李的形象增色。这个角色给她的空间很小，但她的形象极具感染力。在第一个镜头中，她自愿被人捆绑起来，披上衣物，以表现无臂雕像的效果。人们把黄油和面粉混合到一起，做成类似纸浆的混合物，用以固定她的发型，使头发紧贴在她的额头。融化的混合物弄脏了她"断臂"上的灰泥。接下来的场景中，她用双手玩纸牌，奉上了明快十足的表演。困难在于结局部分，她扮演的雕像要在一头公牛的陪伴下退场。当地的一头大牛暂时免于一死，被人从屠宰场带到了工作室。它少了一只角，所以道具组只好又做了只牛角，固定在它的头上。他们一时不知怎样让这头牛在该动的时候动，最后他们在牛头上拴了一根金属丝，通过在恰当的时机拖拽，让牛向前走。但那头牛自有主张。金属丝刚一绷紧，它便猛地跃起，踩着蹄子穿过布景，一头冲向李，把她撞飞了。无奈之下，他们只好派一个助手驱车到乡下，请来赶牛人。赶牛人站在舞台侧面，咕噜咕噜地发出一连串口令，立马控制住了那头牛。

多年以后，李回忆道：

> 剧本一直被改来改去。黑人爵士舞者费拉尔·邦加扭伤了脚踝，只好扮演一瘸一拐的天使……科克托倒是乐得这样，但人们对此有各种解读。恩里克·里韦罗背上那颗星是科克托用来遮盖伤疤的……他被情妇的丈夫开枪打死了。在玩纸牌那场戏重拍了19次之后，里韦罗把牌全撕了，免得再拍第20次……他还想去参加一个聚会呢。[14]

她还在《时尚》杂志上写道：

> 如果说按照传统，诗和杰作都是在阁楼和监狱这种恶劣环境里诞生的，如果说混乱和误解是诗人的宿命，那么这部电影很幸运地符合上述特征……一切都是吉兆。工作室事先已经做过紧急隔音处理：铺

设了在巴黎能找到的所有二手床垫充当衬垫，床垫里尽是那种常见的昆虫。虫子在我们身上狼吞虎咽，我们虽然被咬得浑身发痒，但还是坚强地承受了这一切。用于拍纸牌游戏的水晶吊灯运来得正是时候，然而，那盏富丽堂皇的吊灯偏偏被拆成了三千个带编号的零件，每个零件都用无酸薄纸单独包裹着。

等电影制作完后，她又写道：

教会的人大发脾气，"赞助人"受到了迫害，已经拍完的影片在地窖里放了好几年……在拍摄过程中，无论什么意外或事故，科克托都能灵活应对，这让他在工作中受益匪浅。他这个人优雅、犀利又专注，明白自己想要什么，而且能达成目标。他会大喊大叫，也会甜言蜜语。从清洁工到税务员，凡是与这部电影有关的人，莫不因他的存在而振奋。我们在一种美好的状态下参与了一首诗的创作。[15]

那头牛被送回了屠宰场。《诗人之血》遭受了激烈的抨击，同时赢得了评论界的高度赞誉。但此后，李再也没有参与过其他电影项目。每当有人问及此事，她都会说："我就是不会演戏。"也许更真实的情况是这样的：表演原本就是她的天性中相当重要的一部分，所以她无法按照要求去表演。即便如此，她仍是一位正在冉冉升起的明日之星——她已名闻遐迩，且深受欢迎。

李还是将摄影作为她的事业追求。此时她已经有了不错的名声，凭借亲身学到的时尚知识，她经常定期接到类似帕图、夏帕瑞丽和香奈儿等高端客户的委托。有时，她会将摄影与时尚成功地结合到一起，在自己拍摄的照片中充当模特。随着商业竞争日益激烈,超现实主义流派的照片变得越来越少,但她已经与正确的伙伴建立了联系。

艺术品商人朱利恩·利维后来在纽约麦迪逊大道的画廊为她举办了首次摄影作品展。提起与李的某次会面,他是这样说的:

> 我到达后的翌日早晨,摄影师李·米勒出现了。她出现得很突然,就在我前面走着,走在拉斯帕尔大道上,散发着一种无畏、活泼的气质。李在各个方面都显得魅力四射,她那明朗的精神、她的思想、她的摄影艺术,还有她那闪亮的金发。她的头发生得很好,蓬松而飘逸,美丽而健康,不过于硬直或缺乏生气。见到她这样的金发女郎,人们绝不会唱什么"女人为何偏偏是金发",反倒想唱"守在我的金发女郎身旁"……我追上她的步伐,跟她约好哪天晚上一起去"骑师"(夜总会名)。[16]

1930 年 12 月,西奥多在一次去往瑞典的旅行中特意途经巴黎,以便接李同行。父女两人在斯德哥尔摩的酒店过了圣诞节。在酒店里,西奥多为女儿拍摄了几张立体裸照。他们在新年前返回巴黎,西奥多和曼·雷成了形影不离的伙伴。由于曼·雷对工程学的热情,以及西奥多对摄影的热爱,他们俩找到了许多共同话题,成就了这段看似不可思议的友谊。西奥多对曼·雷的创造力印象深刻。曼·雷设计了各种小装置,其中有一个三脚架,它的中轴可以通过齿条和齿轮实现升降,这一技术比当时领先了整整超前了数年。曼·雷还率先想到了可以将低压灯泡连接到主电源线上,以营造出聚光灯效果。

在这段插曲中,让人印象最深的不是西奥多与曼·雷的友谊,而是西奥多在女儿心中无可取代的位置。在一些照片中，李把头靠在父亲的肩膀上，这些照片显示，在她生命中所有的男人里，父亲无疑才是她最爱的那一个。她就像一只昏昏欲睡的小狗，将头依偎在他肩上。这种安逸从容的表现告诉我们，这里才是最让她感到安全、温柔和快乐的地方。她终其一生都缺乏与爱人建立稳定关系的能力。有很多次，她明明希望这些恋爱关系能够持久，却总是感到有某种莫名的阻碍，使她无法对恋情十足满意。

李反复无常的态度令曼·雷备受折磨。他努力让自己不被李的风流韵事所伤，但这些事还是超出了他的承受能力。每次争吵后，李往往会短暂离开一段时间，在此期间，他就会写信倾吐自己的心声：

> 我一直心怀妒忌地深深爱着你。这份爱消减了我心中其他的激情，为了弥补这点，我一直在力所能及的范围内给予你所有可能的机会，使你身上一切有趣的东西都得以展露，从而尽量让这份爱显得合情合理。你越是表现出色，我的爱就越发证明是有道理的，而我也越不后悔自己过去的任何努力。实际上，对我来说，这是一种更令人满意的方式。你每次都会向我妥协，直到这个新人出现（曼·雷指的是一位来自苏联的流亡者、室内设计师齐齐·斯维尔斯基，李曾经与他有过一段短暂的恋情），让你产生了一种错觉，自以为正在摆脱成为我的附属品的境地。我一直想让你成为对我自身存在的补充，可这些干扰让你有所动摇，对自己失去了信心。你想自行其是，让自己感到安心。但你这样做不过是将自己置于其他人的控制之下，这种控制远比之前的控制更加微妙，也更加不可缺少。我可以想象，你会变成围着齐齐打转的那些女人当中的一员，不自主地成为装饰门面的花瓶，逐渐失去活力，直到你变得什么都不在乎，仅仅是随波逐流，无法专注于自我，容忍一切，成为

阴谋诡计的助力。因为你缺少恒定的依恋,所以你始终感觉疲惫,身上残留着糟糕的气息。你很清楚,打一开始,我就在极力提供任何可能对你有益或使你感到愉快的机会,哪怕这样会有失去你的风险。至少我只会在事后才加以干涉,在可能导致嫌隙之前便终止,所以我们才能轻而易举地复合。每次争吵与和好都把我们一点点推向最后的分手,而我不想失去你。

李的名气为她赢得了一些有趣的工作,她有几次出差去了伦敦。她来到英国埃尔斯特里的几间工作室,为派拉蒙公司出品的电影《斯坦布尔》中的明星拍照。这些照片刊登在1931年7月1日的《放映机》杂志上。她还为6月10日的英国版《时尚》杂志拍摄了英国夏季运动服系列,并作为罗迪耶网球套装的模特出现在那期杂志上。曼·雷经常给她写信,责备她不忠(无论是确有其事还是凭空想象),恳求她哪怕不结婚也不要离开他。他也会给她提供一些技术方面的建议。在一封信中,他兴高采烈地宣称,康泰纳仕出版集团的新任艺术总监穆罕默德·费赫米·阿迦对他的作品颇感兴趣:

> 他认为,我的平光流派(只有三四种色调,用表面粗糙的相纸印刷)是未来的潮流。他非常厌倦斯泰肯那一派。他有好几次都提到了你在《时尚》上的那些早期作品,希望你能重新受到我的影响。他拿走了那本电学图书的复本,那本书可能会被《名利场》杂志转载,书里有张反转片(过度曝光的照片),粗糙的相纸上是一颗硕大的头颅,胳膊从侧面抬起,令人感觉很神秘。无论如何,美国那边的趋势正在变化,你我务必要在秋天前做好准备,好在市场上兴风作浪一番。阿

迦认为我是时候返回美国了。现在人们喜爱我,理解我,但我认为,在想清楚之前就不要采取行动。

频繁的电话交流让二人的信件联系更密切了。一个清晨,李正躺在帕克巷一家酒店的床上,与人在巴黎的曼·雷交谈,这时房间突然剧烈震动起来。"我们这儿在地震!"她尖叫道。"别傻了,"曼·雷应道,"英国没有地震。"那天是1931年6月7日,确实发生了地震,但与曼·雷即将经历的人生动荡相比,这场地震并不算什么。

塔尼娅·拉姆把李介绍给了埃及人阿齐兹·埃卢伊·贝。阿齐兹住在阿纳托尔·法朗士[1]的家——赛义德别墅的一楼。他美丽的妻子尼梅特住在二楼,她是高加索切尔克斯人的后裔。曼·雷、霍伊宁根-许纳和霍斯特三人都已经与尼梅特相识。她曾因为充满贵族气质的容貌而被他们请去当模特,还被称为"全世界最美的五位女性之一"。"她应该算吧,"阿齐兹说,"她所有的时间都用来在脸上涂涂抹抹。"她的一些爱慕者并不像阿齐兹这般尖酸刻薄,当她斜倚在躺椅上时,他们会殷勤地围绕在她的身旁。

这个埃及人温和、安静、毫不起眼,比李年长将近二十岁。谁也没想到,这样一个人竟会对她产生深远的影响,曼·雷更是对此始料未及。阿齐兹和尼梅特在圣莫里茨那栋名为"尼梅特别墅"的小屋度假时,不知是偶然还是刻意,李也出现在了那里。阿齐兹将查理·卓别林视作朋友。卓别林刚拍完电影《城市之光》,他对李产生了好感。李给卓别林拍了几张或一本正经,或滑稽诙谐的肖像照。

---

[1] 法国著名作家、文学评论家、社会活动家。

还没等大家反应过来，阿齐兹就已经迷恋上了李，而她也迷上了对方。回到巴黎后，随之而来的是一场爆炸式的争吵。曼·雷故意让人知道他有把手枪，但谁也说不清楚，一旦他发起疯来，究竟是打算杀了自己，还是冲李或她的新情人开枪。众所周知，他对自杀行为感到着迷，所以人们担心他的威胁会成真。在那段时期的一幅自画像中，他脸上流露出一败涂地的表情，手里拿着枪，脖子上缠着根绳子。数周以来，他时而胡言乱语，时而闷闷不乐。他给李寄去了从笔记本上撕下的一页纸，纸上用铅笔画着她的眼睛和嘴巴，画得像一张面具，上面涂写着"伊丽莎白、伊丽莎白、李、伊丽莎白、伊丽莎白、伊丽莎白"，疯狂的笔迹一遍又一遍地重复着，在整页纸上来回翻滚，直到将纸面填满。纸的背面写着"一方付出永远不够，收支永不平衡"等话，落款是"爱你的曼"。这页纸被折起来，里面夹着一张李的眼睛的照片，比真人的眼睛尺寸稍大，照片背面用红墨水写着：

1932 年 10 月 11 日

留一只永远备用的眼

坚不可摧的材料……

永远放在一边

任人欺瞒……

左右为难……

必须继续寻欢——

而我是永远的备品。

曼·雷

阿齐兹利用伊斯兰教赋予丈夫的特权，以及穆斯林没有离婚仪式这一点，就此断绝了与尼梅特的夫妻关系。

李在激情的风暴中飘来荡去。她根本不清楚自己对阿齐兹怀有怎样的感情，当然也没料到他会这样鲁莽。毋庸置疑，她很喜欢曼·雷，却并未爱上他。另一些风流韵事也加重了她心中的迷茫。无论朝哪个方向走，她面前似乎净是些被她迷得神魂颠倒的男人，准备不惜一切代价把她束缚起来。

她只找到了一条出路——继续过自己的日子。

既然阿迦对她的作品感兴趣，李便开始认真考虑重返美国的事。《名利场》杂志的主编阿诺德·弗里曼在鼓励她。这有助于她获得暂别过去的机会，在纽约成立自己的工作室。1932年11月，她关掉了巴黎的工作室，带着深深的惋惜回到了故国。

曼·雷起初伤心欲绝。然后，他终于找到了发泄自己的疯狂与绝望的方法。他拿起了自己的一件名为《毁灭之物》的作品，这其实是个节拍器，在摆杆的摆块上贴着一只眼睛的照片。他揭掉原先的照片，从李的肖像照上剪下一只眼睛贴了上去。似乎是为了防范有人破坏这件作品，他还专门为它画了幅画，这样就可以随时复制。他在画作背面写道："传奇，从一个曾经爱过却再也无法相见的人的肖像上剜下一只眼睛。把眼睛粘在节拍器的摆杆上，调节摆块，达到所期望的节奏。忍耐至极限。用锤子对准目标，试着以一击摧毁所有。"[17]李说，这就相当于制作一尊蜡像，把诅咒的针头扎了上去。

创作这件作品似乎让曼·雷获得了些许安慰。不过，对李的思念又从别的地方浮现出来。前任情人吉吉在他的白色衣领上留下的红色吻痕是他最初的灵感来源。他开始在一幅长约 8 英尺[1]的巨大画布上作画，并把它挂在床的上方。他断断续续耗费了两年时间，才完成这幅画，并为其取名为《天文台时间：1932 年至 1934 年的恋人》。画面中，硕大的嘴唇飘浮在天空中，下方是两座天文台的穹顶，邻近卢森堡花园，形似一对乳房。在最初的构思中，吉吉玫瑰花蕾般娇艳的双唇被沿着水平方向勾勒，但随着时间流逝，画中逐渐变成了李的嘴唇——更薄、更长、更性感，就像紧紧纠缠在一起的一对恋人，倾斜上扬，好让她的双唇在布满卷积云的宁静天空中翱翔。

---

[1] 1 英尺约合 0.30 米。

1910年，三岁零五个月的李在纽约州波基普西市的南克林顿街40号
（摄影者：西奥多·米勒）

1918年，李十一岁留影（摄影者不详）

1923 年，米勒一家合影。从左至右为弗洛伦丝、约翰、埃里克、李（时年十六岁）、西奥多（摄影者不详）

1925年，纽约。摄于"米娜哈哈"号轮船上，李即将动身前往巴黎（摄影者：西奥多·米勒）

约1927年,李在纽约(摄影者:尼古拉斯·穆劳伊)

约 1927 年,李在纽约(摄影者:阿诺德 · 根特)

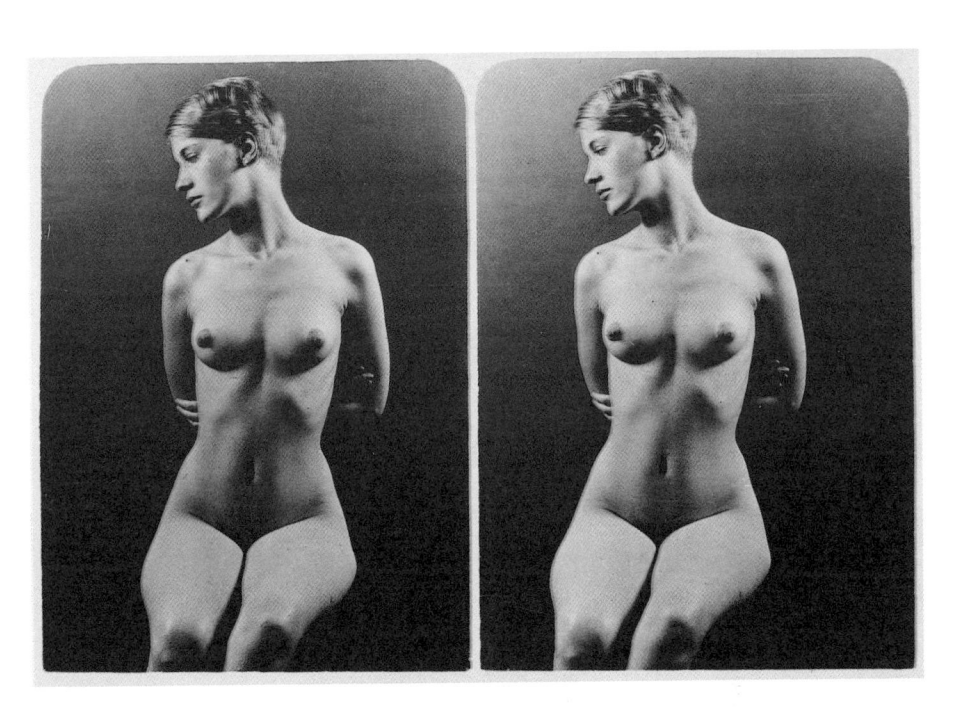

1928年7月1日，摄于纽约州波基普西市的金伍德公园，李的裸照。这是一张立体照片，通过立体照片观看器观看时会呈现出三维效果（摄影者：西奥多·米勒）

美国《时尚》杂志,1927年3月刊,封面由乔治·勒帕普设计

约1930年,李在巴黎
(摄影者:霍斯特·P.霍斯特)

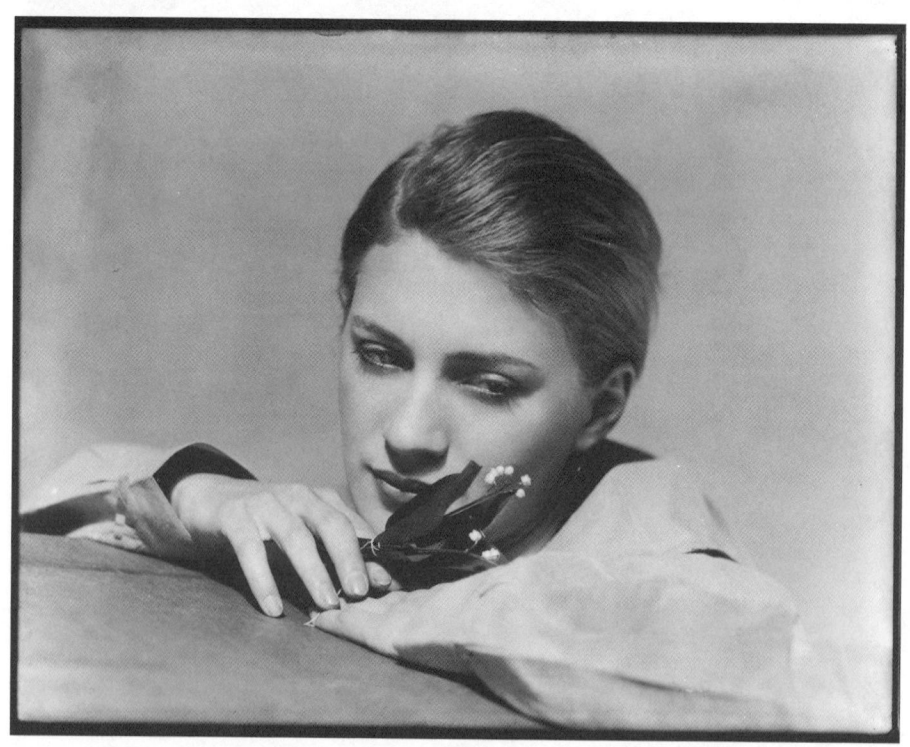

1932年，李在巴黎（摄影者：乔治·霍伊宁根－许纳）

◀

约 1929 年,巴黎。李的照片,采用了她和曼·雷共同开发的过度曝光技术(摄影者:曼·雷)

▶

1931 年,在巴黎的曼·雷(摄影者:李·米勒)

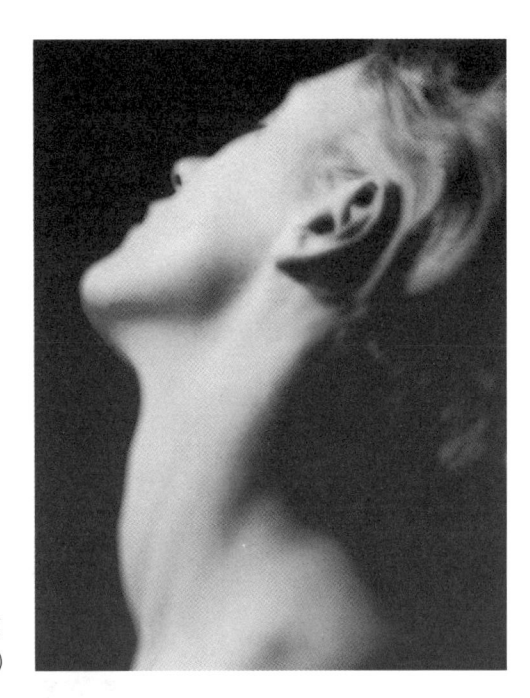

约 1929 年，巴黎。李·米勒的脖颈
（摄影者：曼·雷及李·米勒）

《艺术家的住所》，曼·雷作，约 1931 年。李的形象出现在艺术家的工作室里，被割断了咽喉，与曼·雷的财物并列

▲
1930年6月,巴黎。李和弟弟埃里克
(摄影者:乔治·霍伊宁根-许纳)

▶
1931年1月,巴黎。李和父亲
(摄影者:曼·雷)

1931年1月6日,巴黎。在李的工作室里,李和塔尼娅·拉姆在床上享用早餐。墙上的挂毯图案来自曼·雷设计的玻璃版画(摄影者:西奥多·米勒)

1932年，巴黎。时尚照（摄影者：李·米勒）

1930年，恩里克·里韦罗与李在让·科克托的影片《诗人之血》中的剧照

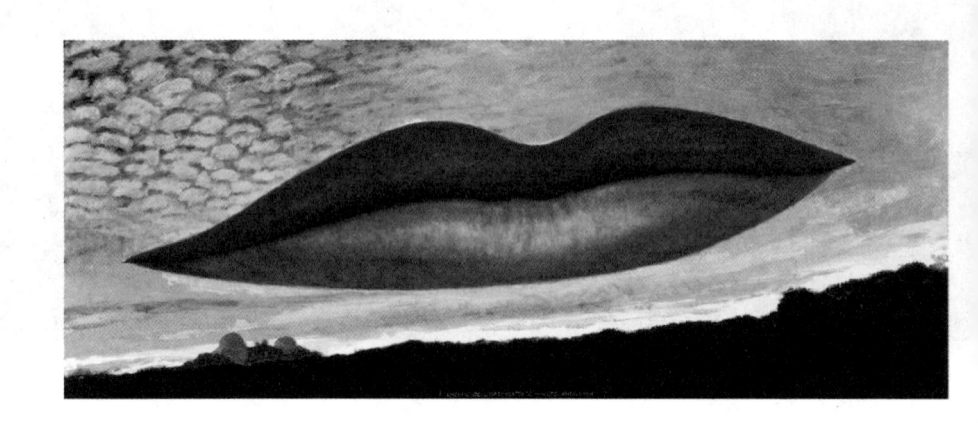

◢
1932年,曼·雷笔记本里的纸页

◤
《毁灭之物》,曼·雷作,1928年(摄影者:安东尼·彭罗斯)

▼
《天文台时间:1932年至1934年的恋人》,曼·雷作,1934年(摄影者:曼·雷)

第3章

纽约时尚摄影
1932
—
1934

20世纪30年代初，受到1929年华尔街股市崩盘的影响，无论想在哪一行创业都异常艰辛，更不必说专业时尚摄影这种朝不保夕的营生了。幸运的是，李身边不乏有权有势的朋友。她与康泰纳仕出版集团来往密切，这确保了她至少可以获得商业圈的入场券。她还需要启动资金，正是在这方面，她与社会精英的交往有了回报。她找到了两位"天使投资人"：克里斯蒂安·霍姆斯和克利夫·史密斯。

霍姆斯是弗莱施曼酵母公司的巨额财产的继承人，其母在华尔街为他设立了一家经纪公司。他以前经常乘坐游艇通勤，穿过长岛湾，前往曼哈顿，他的司机会在那里接他，再驱车将他送往办公室。他对摄影很感兴趣，李的工作室成立后，他在那里闲逛和旁观，度过了不少时光。另一位天使投资人克利夫·史密斯是个花花公子，他是西联公司的财产继承人之一。他们二人为李·米勒的工作室共同出资一万美元，并帮助李在一座六层楼的建筑里租下两套公寓，地址在东48街8号，往北相隔一个街区就是无线电城音乐厅。这两套公寓都在三楼，通过一间小小的厨房相连。李将其中一套作为自己的住所，另一套则改造成了工作室。

助理一职的理想人选是她的弟弟埃里克。他以前曾在托尼·冯·霍内手下工作过。霍内是位德国摄影师，专门从事时尚和广告摄影。李给埃里克开出的薪水是每月100美元。工作之初，埃里克最大的贡献是从他们的父亲那里学到的工程技能。他建起了暗房，又监督制作了一排柏木水槽，其宽度和深度足以放入标准的8英寸×10英寸底片。接下来，他制作了工作室所需的道具和布景，还安装了照明设备。他身上也有着米勒一家的典型品质——热爱创新。工作室的电缆都被隐藏起来了，灯光则可以通过配电盘远程操作。当时，使用低速胶卷的大画幅相机需要巨型的照明灯和粗大的电缆，因此这一成就不可小觑。把电缆隐藏起来也有着更为实际的理由，因为李的许多作品都属于肖像摄影，她一直想让拍摄对象尽量显得轻松、自然。虽然李也热爱科技，但她明白，这些设备可能会成为干扰。也许正是出于同样的原因，她"用五颜六色的雪纺来装饰窗户，就像悬挂了一排圣诞袜似的。玻璃对开门也用色彩缤纷的帘幕加以装点"。[1]

李雇了一位负责记账的秘书，名叫杰基·布朗。此外，由于她本人只要还能忍受，就绝不会动手收拾房间，所以她又迅速聘请了一位厨师兼管家。这位黑人姑娘年纪轻轻，永远一副乐呵呵的模样，她准备的午餐很快便成了工作室生活里的亮点，深受客户、员工以及前来做客的投资人的喜爱。没有外人时，李和埃里克就在工作室里的一张牌桌旁用餐。姐弟俩会讲些关于外科手术或寄生虫的恐怖故事，借此破坏对方的食欲，从而将对方的食物据为己有。这种比拼无所谓输赢，他们享受的是那种无拘无束的感觉。

埃里克很快开始主持暗房的工作。在李的指导下，他在冲印方面越来越得心应手。他回忆道：

> 一开始日子很艰难，因为李特别执着，坚持要制作质量最好的作品。她会跑到暗房检查照片，一旦发现一丁点儿瑕疵，她就会撕掉

照片的一角，使之作废。总让我惊叹的是，她能挑出照片上的各种问题，包括我完全注意不到的缺点，而且一经改正，整张照片的质量就会大为提升。用镊子夹着照片小心翼翼地在化学液体里浸一浸不是我们的作风。我们永远都是让照片一头扎进去，直接用指尖在照片表面上搓，有时还对着照片吹气，利用热气改变某一区域的色调。我们用形形色色的化学物质改进常规的方法，有时甚至会酿成致命的后果。我们在刺鼻的烟雾里连声呛咳，我的指甲被染成了棕色。回想起来，假如那个年代也有安全监管员这样的角色，那我们早就该失业了。[2]

1932年的2月20日至3月11日，李的摄影作品在纽约朱利恩·利维画廊首次展出。当时她还身在巴黎。这场名为"现代欧洲摄影师"的展览展出了20位摄影师的作品，她是其中一位摄影师，另外还有瓦尔特·黑格、赫尔马尔·列尔斯基、彼得·汉斯、莫里斯·塔巴尔、罗歇·帕里、奥托·阿姆波尔、莫霍伊-纳吉等人。当然，曼·雷的作品也在其中。同年年底，在同一家画廊举办的第二次展览为她带来了更高的声望。这次展览时间从那一年的12月30日持续到次年1月25日，画廊的一半空间展出的是查尔斯·霍华德的画作，剩余一半空间都用于展出李的摄影作品。由弗兰克·克劳宁希尔德撰写的展览公告以白色墨水印在窄长的深粉色纸条上，十分雅致：

> 四年前，李·米勒离开美国，前往法国……当时，她还是二十岁出头的妙龄女子，如今归国……她已是卓有成就的艺术家、多才多艺的摄影师。在这四年间，她一直生活在巴黎，潜心研究摄影艺术中的每一个流派。在巴黎，她与法国的艺术激进分子、超现实主义者、摄

影界领袖曼·雷相识，迅速从学徒成长为具有创造力的摄影家。身在法国的环境中，她学会了不拘泥于传统的摄影技术，而是去探索摄影艺术的各种可能性。她的镜头始终聚焦于风景、建筑、鲜花、街景以及其他静物。她拍摄的广告作品并不逊色于肖像作品。

最近，她在纽约开设了一家摄影工作室，她已经在这一领域展现出了独一无二的天赋，并将在此继续发挥她无限的艺术才华。

这些摄影作品的销售情况一直不甚理想，不论是在当时，还是在随后的数十年间。虽然朱利恩·利维致力于收藏照片，并以新颖的方式举办展览，但作为一种艺术形式，摄影几乎没有获得过人们的重视。超现实主义的绘画和雕塑逐渐走向成功，引人瞩目，但超现实主义摄影未能获得公平的认可。45年后，利维收藏的大部分摄影作品依然未能售出，但他不曾为此感到丝毫忧心，因为他对这些作品有一种发自内心的热爱。他将自己收藏的许多摄影作品都捐赠给了芝加哥艺术学院，这些摄影作品成了世界上最好的关于20世纪30年代的影像档案之一，这正彰显了他的远见卓识。[3]

由于大众缺乏对艺术摄影的认可，迫于无奈，对这一行有所追求的摄影师多数只好过着双重生活。李、曼·雷和其他许多人都发现，要想付清恼人的巨额账单，唯一的办法就是坚定地（且往往不为人知地）拍摄商业作品，获取报酬，以支持他们在自我表达的道路上走下去。毫无疑问，艺术作品的创意永远有益于商业性的拍摄工作。

李的新工作室的商业摄影工作起步缓慢。由于大萧条的影响与日俱增，她与欧洲时尚界的来往大大减少，原先承诺给她的工作合约大多未能兑现。康泰纳仕出版集团正在经历一段艰难时期，服装和化妆品公司也在削减支出。在工作室发展的早期，幸好有专业摄影师圈子里的老朋友偶尔给她分派一些工作任务——尤其是彩色摄影的先驱尼古拉斯·穆劳伊——他们的帮助使她得以安然度过这一阶段。[4]对摄影师而言，个人推荐是唯一重要的宣传途径，所以在她的口碑得到传播并有工作找上门来之前，最初的几个月对她而言必定万分难熬。起初，她接到的是一些平平无奇的产品的广告拍摄工作，比如鞋袜、饰品，以及香水等化妆品。随后找上门来的是《时尚》、《时尚芭莎》和《名利场》的时尚摄影工作。阿诺德·弗里曼仍在为她提供支持。有时，她本人会出镜当模特，由埃里克在镜头之后按照她的指引操作。这些照片在技术层面上无可挑剔，其中某些作品还具有精致的美感，但始终含有某种自我意识影响下的造作。在这一时期，李的艺术风格和商业风格大相径庭，二者未能互相滋养。1933年起，不断有客户找她拍摄肖像照，她终于逐步解放了自己被禁锢的想象力。

在她最早的一批拍摄对象中，有一位"米凯·罗曼诺夫王子"，美国移民官叫他"哈里·F.格尔格森"。由于非法进入美国以及使用假冒头衔，当局正在通缉他，要他接受审问。他当年偷偷乘坐"欧罗巴"号轮船入境，即李返回纽约时乘坐的那艘德国客轮。格尔格森"因偷乘客轮被关押一段时间后，于12月9日在巴黎的一所监狱获释。法国当局请他动身离开，前往边境……显然，他登上了第一艘船内陈设和乘客名单都合乎他口味的客轮。他本人曾经透露，他只是信步跟在玛丽莲·米勒背后，溜下了客轮"。[5]玛丽莲·米勒是一位音乐喜剧明星，与李·米勒并无瓜葛。在这次旅途中，李遇见了格尔格森。她一直深受性格怪异的人物吸引，所以此人在她眼里有着无法抵挡的魅力。这位"米凯王子"是她这类朋友中比较可疑的一位，不过与其说他是骗子，不如说他更像是冒险家。李替他安排了藏身之处，让他在金伍德公园躲了几天，然后他偷偷越过边境，潜入了加拿大——从那里可以合法进入美国。一到加拿大，他就迅速改掉了欺骗性的口音，一切可谓天衣无缝，他还在阿尔弗雷德·登喜路手下谋到了一份推销员的工作。

随后的拍摄对象则与他大不相同。百老汇女演员塞莱娜·罗亚尔和克莱尔·卢斯的肖像作品在冷静中透着浪漫与优雅，这正是那一时期的典型特色。活跃在德国电影界的英国明星莉莲·哈维有着无可挑剔的容貌和身材，看起来就像个美丽的瓷娃娃，她的职业生涯正处于全盛时期。她后续又光顾过工作室好几次，来拍肖像照，她的经纪人用这些照片成功吸引到了好莱坞的制片人。在这些拍摄对象当中，美国女演员肯德尔·李·格朗泽的肖像照是最令人惊艳的作品之一。李让她身穿黑衣，身处插着金属花的花瓶旁边，在花瓶的衬托下，她俨然是花中缺少的精魂的化身。

约翰·豪斯曼是李最宝贵的肖像照客户之一。他是一位年轻的商人，曾经在小麦市场上大发横财，然而1929年华尔街股票市场崩溃时，他又亏光了赚到的每一分钱。他在自传中写道：

> 当时在李·米勒的公寓里通宵打扑克牌，赌注无足轻重，促使我参与其中的与其说是对赌博的热爱，倒不如说是对女主人的单相思……她身边有个形影不离的伙伴（文学经纪人约翰·罗德尔），他是一位一流的扑克牌高手，我对他无比妒忌。一天夜里，我带她去了公园里的赌场，狂妄地企图把她从他身边夺走。她身穿一袭长长的白色缎面晚礼服，我们随着埃迪·达钦的音乐翩翩起舞。次日早晨，我整整一周的花销预算输掉了四分之三，我只好返回刘易斯·加兰蒂埃的房间，聆听着施纳贝尔弹奏的贝多芬奏鸣曲，等待下次扬帆启航的时机。[6]

约翰·豪斯曼果然等到了那个重要时机，同时他也想方设法地确保自己的好运能帮到李。1933年冬季，悲观情绪四处蔓延之时，他制作并导演了一部戏剧，这部作品如同光辉的灯塔一般引人瞩目。赞助商是一个叫"与现代音乐亦友亦敌"的团体，戏剧名为《三幕剧中的四圣徒》，或许这部作品更应被视为超现实主义歌剧，其剧本是一首诗，由格特鲁德·斯泰因创作，而配乐则由弗吉尔·汤姆森完成。在汤姆森的坚决要求下，全体演员都是黑人，彩排在圣公会圣菲利普教堂举行，这座教堂位于黑人聚居的哈林区137街。李到现场去过几次，为参演节目的演员拍照。豪斯曼、汤姆森和编舞者（弗雷德里克·阿什顿，他当时年纪尚轻，却已颇负盛名）则会到她的工作室拍摄肖像照。这部戏剧在康涅狄格州哈特福德的华兹华斯学院开演，成了埃弗里纪念剧院的首场演出，事实证明，这是那种鲜有的既令知识界满意，又让评论家狂喜的作品。

凭借这次合作的影响，李的记事本里写满了前来拍摄肖像照的客户的名字，这些人都是纽约社会及知识界的精英。"请李·米勒拍过照"成了鸡尾酒会上可以挂在嘴边炫耀的事，尤其是在那些没办法约到她的人面前说上这么一句，就更是令人备感光彩了。出版商唐纳德·弗里德、文学评论家刘易斯·加兰蒂埃、华兹华斯学院的院长奇克·奥斯汀都请她拍摄了肖像照。李拍的照片既不失真实，又比真人更显俊美。无数上流名媛闻风而至，纷纷要求将她们在镜头前无精打采的形象拍成动人心弦的样子。最大的考验来自赫莲娜·鲁宾斯坦。李即便用尽一切办法，也无法给她那张苏联人的粗犷面孔增添半分优雅。那次拍摄的情况很糟糕，每件事她都要抱怨，但李不肯被她吓倒，过了一段时间之后，李仍然赢得了她的好评。两人成了朋友，不过这张肖像照不曾被公之于众。

李也没有忘记给那些吸引她的人拍照，她并不计较对方能否负担得起拍摄费用。在大部分人眼里，超现实主义艺术家约瑟夫·康奈尔就是个可怜的小疯子，出身于布鲁克林这种治安混乱的黑人聚居区。每隔两三周，他就会带着自己的最新作品走进工作室。这些作品通常是由从残破的玩偶上取下的古怪零件组成的，它们被巧妙地组合、摆放，透露出一种不羁的风格。当这些作品被置于玻璃圆顶之下时，它们显得格外动人。李用欣赏和理解的眼光来看待他的这种艺术，不仅鼓励他，还经常为他本人连同其作品一起拍照。

这些做法激起了媒体的兴趣，人们说"米勒小姐的技艺引人入胜"。一名记者这样写道：

> 她每天仅完成一次拍摄工作，从不多拍……每拍一次就要耗费好几个小时。如果顾客饥肠辘辘，米勒小姐就会奉上午餐。如果拍摄对象感到疲惫，她就会让其斜倚在躺椅上，在矮几上摆些饮料、香烟和三明治。她不喜欢顾客与朋友同来，她解释说，这是因为"有朋友在场，总会让人产生'观众情结'，或者面露'画廊式的微笑'，而这两者都显得很不自然"。

"在所有的顾客当中，由妈妈陪着一起来的孩子是最糟糕的拍摄对象。"米勒小姐说，"一般妈妈都会吩咐孩子这样或者那样，'像你昨天那么着，显得漂漂亮亮的'，让孩子产生自我意识。"

米勒小姐接着表示："要拍出一幅好的肖像照，是需要花费时间的。我必须跟拍照对象交谈，了解他们对自身有何想法，还要弄明白照片到底是拍给奶奶看的，还是拍给先生或夫人看的……年轻小伙子永远也搞不清楚，自己到底是想看着像个拳击手，还是要像克拉克·盖博……年长的男人往往希望你能捕捉到他们眼中闪烁的光芒，或是从某个特定角度拍他们的侧影,抑或拍他们'墨索里尼式'的下颌——因为有女人曾表示喜欢这一点。男性的自我意识要比女性强得多,女性早已习惯了被人凝视。"

米勒小姐认为,摄影是一种对女性来说再完美不过的职业。"在我看来,女性在摄影领域取得成功的可能性大于男性。"她告诉我,"较之男性,女性更敏捷,适应力更强,我认为,女性身上有种直觉可以帮助她们比男性更快地理解人物特征……毫无疑问,好的照片就是这样,不是在本人不知不觉的情况下捕捉人物,而是要抓住其最本真的状态。"[7]

首次涉足彩色摄影时,李和埃里克用了三张单独的底片,险些没能成功。他们使用的设备是一台8英寸×10英寸底片的相机,他们原本打算用黑白胶片,通过黄、红、蓝三种颜色的滤光器进行三次曝光,再将胶片小心地叠合。如此一来,底片就会呈现出不同的灰度,以符合制作分色底片的需要。当时,这种做法是彩色摄影的标准做法,但一般是由专业团队借助固定在台子上的相机来完成的。

对李和埃里克而言,问题不在于技术,而在于拍摄对象。这是一则关于香水的广告,香水瓶摆放在大约18英寸见方的镜面上,周围环绕着芬芳馥郁的栀子花。在强烈的灯光照射下,花叶和花瓣的尖端开始迅速枯萎,发生了位移,导致图像在连续曝光的间隙里叠合不精准。埃里克回忆道:

> 幸亏现场没有什么艺术总监之类的角色,否则的话,我们这会儿应该还在努力尝试呢。我们完全是靠自己,而这恰恰就是李真正会

全力以赴去解决的问题。只要想偷懒,她可以懒到令人无法忍受的地步。不过,一旦面临严峻的形势,她就会不达目的誓不罢休。我们连续工作了将近24个小时,几乎没有停下来吃过东西,或者去上过厕所。最后,我们直接把栀子花从冰箱里飞快地拿过来,洒上水,然后轻轻放在镜子上,以免出现任何水渍。这时,胶片已经完全准备妥当,我们立刻关灯,进行第一次曝光,然后迅速更换胶片,切换滤光器,进行第二次和第三次曝光。好吧,最终我们还是完成了拍摄,而且拍出的照片特别成功。[8]

虽然在工作上关系紧密,但李和埃里克在社交圈子上向来没有交集,这体现了李独特的生活方式。一到傍晚,她就会开启社交生活:来几把有趣的纸牌游戏,看戏,看电影,或参加狂欢聚会。这些场合她从来不带埃里克去。而埃里克会拖着沉重的脚步,回到几个街区之外的廉价酒店,他在那里租了一个给单身汉准备的昏暗单间。他会用夜晚的时间来制作飞机模型,或者到无线电城音乐厅去。他的这种生活倒很明智,因为没有多少人能一边忍受李那种疯狂的节奏,一边还能有效地工作。更何况,埃里克心里还有别的牵挂——1933年8月22日,他和玛菲结婚了。

对埃里克和他的新娘而言,曼哈顿的居住费用实在过于昂贵,他们只好住在长岛的法拉盛。每天埃里克都需要乘地铁往返,单程要耗费一个小时。尽管生活有诸多不便,工作时间也颇为漫长,但他的职业生涯发展得相当顺利,工作十分稳定。这种职业上的成就感和稳定性为他带来了深深的满足,足以弥补生活中的不便与工作的辛劳。

工作室的前景似乎一片光明。就在这时,一位安静、彬彬有礼的埃及人来到纽约,就设备采购的事宜为埃及国家铁路公司进行谈判。在全家人眼里，阿齐兹似乎只是李众多朋友中的一位而已。虽然他的到来确实带动了一场节食运动——他让李在某家养生农场里与世隔绝地待了一周，但这种事算不上罕见。李带他到金伍德公园去看望她的父母，还陪着他在农场里漫无目的地长时间散步，这同样没什么出奇的，她向来也这样和约翰·罗德尔等人相处。所以，当面对意想不到的喜事，家里人都没有做好准备。一天下午，李给母亲打电话，问她："你喜欢阿齐兹吗？"弗洛伦丝答道："我对他基本谈不上了解，但他这人好像还行——对，我确实喜欢他。""那就好。"李说，"今天早上，我跟他结婚了。"他们先在曼哈顿的结婚登记处办理了手续。在登记处，办手续的职员告诫她说，嫁给黑人是不可取的，更不要说还是个外国人了。李当场发表了一通长篇大论，措辞激烈，那个可怜的男人听得目瞪口呆，迅速给他们办好了手续。在埃及驻纽约的领事馆，这对夫妇受到了更友好的接待，1934年7月19日，他们按照伊斯兰教的规定结为夫妻。

李决心要在开罗开始一段新生活。她给曼·雷发了电报，问他是否愿意接手工作室。他说："火中取栗的事你自己干吧。"在纽约夏日的炎炎酷暑中，悲伤的埃里克在李·米勒的工作室里打包东西。虽然正值大萧条期间，工作室的生意却一直不错，而且前景看好。埃里克和玛菲下了重注，把自身的未来押在了工作室上。然而由于埃里克缺乏经验，又没有人脉关系，夫妇俩的前途显得越发黯淡。屋漏偏逢连夜雨，彼时外面的工作机会稀缺，他们又失去了往日的声誉和身居高位的善友的庇护。李怎么能不顾所有曾经全心全意帮助过自己的人，一举抛弃已取得的所有成就，放弃自己的发展潜力呢？答案就在于她的本心：在路上永远比抵达目的地更重要。

开启新事业总是令人振奋的。在学习和开拓新领域期间，计划逐渐成形,这时她就会全身心地沉浸其中。对她而言,改变自身和掌握新技术无异于兴奋剂。既然工作室已经建立起来,并且正在顺利运转,那就再无新疆土可供开拓。仅仅是继续经营工作室,成为一名成功的摄影师,这或许确实是了不起的成就,但对她没有任何吸引力。在陷入懈怠或者面对某项乏味的工作任务时,她会在床上闷闷不乐地躺上好几天。她每个胆大包天的决定都是出于非理性的直觉,而非精密的算计。她对自主自决的渴望构成了她心底的驱动力。对于女性而言,时代的枷锁导致这样的渴望几乎不可能实现。她最根本的渴望是冒险和刺激,以及摆脱责任和惯例。她想要摄影,想去旅行,而她既不是富家女,也非男儿身,那么,要想实现这样的心愿,她就只能借助他人,比如阿齐兹。

他们的蜜月之旅是在尼亚加拉瀑布度过的。李捕捉到了天空中壮美的云朵,那些翻滚的乱云犹如正在怒吼的巨兽,它们的咆哮声仿佛盖过了脚下飞流直下的瀑布的轰鸣。这幅画面表现出一种自然神论意义上的不安,这是否在一定程度上反映了潜藏在李内心最深处的某些念头?那一刻,她是否正在沉思这次源自直觉的行为:为何要抛弃家人、朋友和职业上的成就,与一个几乎谈不上了解的男人为伴,一同去往天涯海角?

第四章

埃及与第一次婚姻

1934
—
1937

开罗，埃及国家铁路、电报和电话公司的总经理办公室

  我亲爱的双亲，我依旧腼腆，不好意思将你们称为"母亲"和"父亲"。主要因为母亲实在太过年轻，而父亲虽然面容严肃，但在夜间驾车时，他总是冒冒失失、无拘无束。在肩负照顾一大家子的责任时，人是不会冒险的。这个大家庭的成员包括一个以狂野闻名的飞行员、一个准备与生活奋战的小男孩、一个生活在遥远国度的姑娘，以及一个自有一套管理办法的太太。

  拜托了，父亲，请你按交规好好开车，尤其是在转弯时。我担心的事已经够多了。

  不过，我还是先告诉你们，李的感受如何。首先，我们遭遇了一场可怕的大洪水，这是有记录以来水位最高的一次。幸亏我们这里的尼罗河岸没有出现溃堤，但在某些地方，大片地区都被洪水淹没了。洪水带来了蚊子的侵袭，这样的天气对它们来说堪称完美，没有风，温度也很稳定，十分有利于它们的繁殖。在巨大的压力下，开罗的下水道也裂了。所以我把李带到了亚历山大，那里有几位朋友邀请她留宿。她在那里过得很快活。她遇见的每一个人都喜欢她，让她感到宾

至如归。我们每天都认真地准备好衣服去海滩上消磨时间,我们的朋友在那里有间绝妙的小屋,但她挺懒的,只洗了两次海水浴。每天都有人送来午餐。这里的生活轻松、安逸,一如平常。

比如说,我们会在下午3点甚至更晚的时间用午餐,接着玩玩桥牌或者扑克牌,直到在牌桌上睡着。倘若我提议去洗海水浴,每个人都会跳起来说:"不行,我们必须马上吃午饭。"所谓"马上"差不多得等两个小时。不用说,吃完饭我们就无法再去享受海水浴了。在接下来的纸牌游戏中,除了叫几手牌以外,谁也不敢说别的话。打完牌,我们就动身到夜总会去,但最后总是会到别人家里做客,开始跳舞,或者再玩一局不同的牌戏,换换口味。

虽然开罗的日子很闷,大家都不在身边,但我们还是决定回去。当时,李必须接受伤寒药物的注射,这让她很不安。注射反应相对还算温和,她只是发了两天烧,感觉不太舒服。我头一回见她生病的时候,我都想自己也去打一针了,好陪着她,但我的献身精神仅限于心中想想而已。

上个星期,她遇到了几位度假归来的朋友,有人邀请我们去参加一场晚宴。他们每个人都喜欢李,这也难怪。我如果用冷静、审视的目光看待她,就会在人群的中心一眼发现她。她是个无比耀眼的人物,相较之下,其他人都显得黯然失色,我只会把他们视为她旁边可有可无的陪衬。

我下一步很有可能当上埃及的副国务大臣,那样又得迎来大量演讲工作了。那个职务总不可能比我在这里的更糟糕。经过20年的出色工作之后,我才爬到如今这个位置。

我想让李见识一下典型的乡间宅邸,所以我们去了约100英里[1]外的一家棉花农场。那里有一场聚会，当然是为了让我们有机会打牌，而不是去参观种植园。在农场，我的朋友分给我们一个带浴室的漂亮房间，我们住得特别舒服。我们吃得实在太撑了，可以肯定的是，这个周末我们的体重至少增加了一磅[2]。李拍了些照片，摄影对象中有骆驼，有大袋的棉花，还有成千上万只鸽子，养这些鸽子是为了收集鸽粪。我们度过了一段美妙的时光，不过我们遭到了蚊子的袭击，李被叮得非常难受。除了蚊子，还要加上一段100英里的车程，这段车程险些破坏了我们的美好情谊。这两件事当中的任何一件都足以让她发狂。埃及又不是美国，我们不可能每隔20英里就停下来，去找家不错的酒店，待在里面过夜。我们也没有什么办法驱蚊，以便欣赏美景。我们能做的不外乎躲在蚊帐底下睡觉，或者在开车时把过路的人通通骂上一遍。

下个月，我们就得搬到吉萨去住了。李挺喜欢吉萨的那座宅子，不过，看到房客是如何对待那里的墙壁和木制品时，她吓坏了——房客在墙上每一平方码[3]内都钉了一根钉子，用来挂画，连橡木镶板也没放过。宅子需要好好维修一番，可是眼下，我们没法随心所欲地花钱。我们非搬走不可了，因为今年冬天，李要请朋友来做客。她已经收到了20多次邀请，而且这种情形预计会持续整整一年。

李想买一匹马，所以我在寻找马驹。等我找到合适的马驹以后，我们就到沙漠里骑马。我会骑上一头驴子，或者一头骆驼，跟着她的节奏走，还会拍一张列队前进的照片，给你们寄过去。

---

[1] 1英里约合1.61千米。
[2] 1磅约合0.45千克。
[3] 1平方码约合0.84平方米。

李过得很开心。当然了,鉴于她有一颗备感忧虑的心,要顺利地安顿下来并不容易,她难免会有些不适反应,但也仅仅是像突然间觉得无聊这种小事。你们也清楚,李已经不再工作了,但她的思维必须保持活跃,以使她的生活更加充实。这样的反应并不多见,而且每次持续的时间都很短。等她从纽约那种紧张的生活中缓过劲儿,她的状态就会大有改善了。我会永远好好照顾她的。

我为埃里克的遭遇深感痛心。他的失业让我心碎不已。我会竭尽全力在本地为他寻找新的工作机会。请问一问他,是否原则上同意我的提议。他可以在水泥厂工作,或者担任空调公司的代理人。

我会定期给你们写信。随信附上我全部的爱与深情。

阿齐兹[1]

1935年夏天,即便是在树荫下,开罗的气温也达到了37.8摄氏度,空气无比潮湿。李和阿齐兹决定避开埃及的炎炎夏日,先前往圣莫里茨,再驾车去伦敦。到了圣莫里茨,他们发现温度下降同样造成了一些问题。

圣莫里茨的尼梅特别墅,1935年8月6日

亲爱的爸爸:

我们已经在这个地方窝了两周。这里地处高原,所以我们看不出自己身在海拔远超6 000英尺的地方。但我们可以感觉出来。只要步行上坡,我们就会气喘吁吁,还冻得直打哆嗦。

面对天气的骤变，李毫无顾虑地表现出自己敏感的一面。一周以来，她的后背莫名其妙地疼。德国医生说话时就跟嘴里含了块海绵似的，提到了什么肾脏问题，我们正在等待化验结果。

在等待期间，疼痛竟突然消失了，就如它当初突然袭来一样。有天晚上，她疼得特别厉害，我让她服用了一片阿司匹林。仅仅过去了15分钟，她就能跟我一起玩伯齐克牌了。到了第二天，疼痛似乎要复发，我就又让她服用了一片阿司匹林。这果然起效了，于是疼痛便转移到了更平和的地方——我身上。这让李开心了一两天，但仅此而已。因为趁着两场雨之间的短暂间隙，我去打了一场高尔夫，结果病痛就消失了。

现在，我们身体都很健康，但内心无聊至极。这里的生活成本奇高无比，导致游客近乎绝迹。高昂的生活成本就像一个筛子，通过筛选的人寥寥无几，而且这些人往往老态龙钟、刻薄寡恩。为了激怒他们，我们出门只走下坡路，这样就不会累得直喘粗气。上坡时，我们就偷偷绕道或者躲起来，抑或开车上去。看看自己的家园，对这个阴雨连绵、天寒地冻，又谈不上热情好客的鬼地方，我们心中的成见又加深了几分。

这个国家陷入了严重的困境。说到卷心菜，在我们国家，这玩意儿都是拿来喂驴的，你要是看到驴闻到卷心菜时的表情就能瞬间理解我说的了。可是在这里，一颗像甜瓜那么大的卷心菜竟然标价60美分，更别说豆子了。这里连一个百万富翁都找不到，一杯巧克力都标价一美元。谈及此，我不得不说这里的煤价每吨高达30美元，木头都该被当作奇珍异宝，放在商店橱窗里展览。哪怕在夏天，十摄氏度都算暖和，你可以想象政府对民众的"深切关怀"。政府似乎主要是由酒店老板构成的。这些肥头大耳的家伙死也不肯把客房价格降到一晚三四美元。我们本来想去钓鳟鱼，但这梦想已经变得遥不可及。由于高昂的运输成本，一只苍蝇恐怕都要收费两美元。

现在，我有个想法：把这里的房子卖掉，永远告别这个地方。去年，为了保住这栋房子，我虽然没在这里住过一天，但仍然被迫支付了3 000美元。见识过这里以后，我简直觉得我们国家的政府就像天使一样。我们之后还要去柏林，也许我们可以对柏林的房子做点什么。我们会把车留在巴塞尔，坐火车去柏林，接着再去伦敦。我们会在伦敦至少逗留十天。向母亲和你致以爱。

埃里克和玛菲在哪里呢？还有约翰，他就像我的弟弟卡迈勒一样，永远在空中飞来飞去。

阿齐兹

李的附言：

我浑身僵硬，脚也跛了，像个老人，因为我这辈子头一回打了一场九洞高尔夫球。

爱你们，吻你们——李

上面的附言就是李与家人通信的全部内容了，直到几个月后，她才开始在开罗给埃里克写信，这封信的内容如下：

亲爱的埃里克：

我闲坐着不动，阅读写得奇烂无比的侦探小说，而没有腾出时间给你写信。其实早在一周前，写这封信就成了非常紧迫的事——在社交意义上，更是成了这几年来的要事。

过去这一年，我过得无比开心，也特别健康。我的时间基本上被两件事情占用了，每周我有六个上午在美国大学学习化学，还有三个下午学习阿拉伯语。此外，我花了大量时间玩扑克牌和桥牌。我不擅长做家务，所以干脆就不费神了，等到一切都出了问题（这是必然的），我就跟其他人一样哈哈大笑。

阿齐兹换了份工作，离开了埃及国家铁路公司，当上了埃及银行实业公司的首席技术顾问。虽然工作量超负荷，但这份工作挺了不起的，而且很有意思。我们家的人——阿齐兹和他兄弟卡迈勒——已经组建了一家空调公司，这算是新泽西州运输公司旗下的企业。这似乎是一个时髦的行当，就像以前的电影制片厂、新兴银行和皇家汽车俱乐部那样。这里目前有一名工程师，我们还需要更多员工。阿齐兹和我灵机一动，提议请你加入我们。运输公司每年都会培训约七名工程师，如果你对培训有兴趣的话，我们公司就可以在开罗给你提供一份工作。来到这里以后，我们就一直惦记着你的事，虽然之前有好几份工作你都可以干得不错，但都不如这个职位有发展前景。而且，我也不希望这次提供给你的机会又变成一份不稳定的事业。

至于在埃及的生活，我觉得应该特别适合你们夫妻俩。一套位于市中心的公寓租金大约只有五英镑，请一名仆人仅需约三英镑，食物的价格也比美国低廉得多。而且，这里的外国人聚居区很大，应该能找到不少意气相投的朋友。比如说，我的朋友都是一起打牌的，阿齐兹的朋友都是一起运动的。这里从来不下雨，因此无论是打网球和高尔夫，还是游泳、驾帆船、玩壁球，甚至是进行板球比赛，都能尽享乐趣，从不间断。感谢上帝！我们可以在这里尽情射击野鸭，冬季时还能射击鹬鸟。我们也能在苏伊士运河悠然垂钓，或是加入刺激的沙漠探险队。学习阿拉伯语并不困难，毕竟没有哪个外国人会花费超过十天来学习这门语言，而且在这里英语也很普及。我们面临的所谓"战争威胁"就是个笑话，至于革命，还不如纽约的出租车司机罢工来得严重，何况革命已经结束了。

我不清楚你目前是热衷于摄影，还是像过去的我那样对其深恶痛绝。问问玛菲对我们的提议的看法，让她把这个跟当摄影师夫人的感觉对比一下。我知道当摄影师是种什么感觉，简直跟下地狱差不多。我的摄影工作室的事务都处理完毕了吗？

截至今年圣诞节，我连一卷胶片都没有拍完，其中有三次曝光我甚至懒得去冲洗。不过话又说回来，我去耶路撒冷待了一天，倒是找到了一些灵感，拍了差不多十张绝妙的照片，其余的就乏善可陈了。我找到了一家小店，他们能将照片冲印到令我满意的效果，于是我对摄影又燃起了兴趣。在此期间，有个美国小伙子，人特别好，他来到这里是为了在中东建立一家全新的柯达彩色胶片加工厂。他陪我一起去一个村庄拍照，倒霉的是，我似乎撞伤了一个男人。你要明白，在这个国家，一旦你撞到了人，就该赶紧开溜。实际上，领事馆的人老是建议"交通肇事后逃逸"，等事后再上报。这件事把我们的旅程搞砸了，阿齐兹绝不肯让我再独自前往，除非有向导陪同。不过值得欣慰的是，我拍到的照片确实令人惊艳。

在写完了前面那几千页冗长的文字之后,我就出去了,玩了一场扑克牌,结果大获全胜。然而,可能是因为一直坐在穿堂风中,昨晚我都没办法去参加希腊公使馆的舞会。今天我也一直卧床休息——我单纯就是很难受,哪怕有人邀请我去打桥牌,我也提不起劲儿来。

我觉得,我得再去睡一会儿,然后给母亲也写封信——信不信由你吧。

爱你,李

李给父母的这封信大约写于1935年12月上旬,信件的开头显得很敷衍,这或许是信中内容缺失了一页的缘故。

请立即邮寄以下物品:

1. 两三个给壁炉点火用的科德角打火机。

2. 大量爆裂玉米(用来做爆米花,而非用来种植),外加一个做爆米花用的铁丝盒(不必附带木手柄,因为不好运输,再说更换起来也很简单)。

3. 很多很多高登彭顿甜玉米种子。我上次从伦敦弄到的种子价格昂贵,选得也不太好。

4. 一瓶脱脂乳片。

请在货物内附上所有发票或收款单据,以备海关查验。

玛菲,请你学一学怎么炸花生米,要炸得像绅士牌花生那样。我觉得,他们应该是把花生放在热油里炒出来的,并且放了盐。不过他们是怎么把红色的花生衣给剥掉的呢？

我去过耶路撒冷了。那段日子，我因病在床上躺了两个月，虽然病情并不致命，但我的心情却沉到了谷底，身子疲惫不堪，懒得操心任何人或事。你们还记得我过去在纽约的那种无助感吗？我亲自拜访了圣地的佐德克医生，他绝对是位神医。

我接受了全面的治疗，每周都会注射一些药物，给我注射药物的要么是阿齐兹，要么是乔尔巴尼医生，再不然就是可爱的我自己。这些药物我照单全收。八周之后，我再次复查，看看治疗时间是否够长。在这个地方，人人都对腺体专家或者生物化学家的概念嗤之以鼻。他们这辈子连听都没听说过腺体，认为我只需要换换环境，呼吸新鲜空气就行了，或者采用某种令人不悦的"欧洲式疗法"。反正我还是去接受治疗了，回来以后，整个人焕然一新，现在大概会有一队人马到那里去吧。

我无法仅凭一封书信，就轻率地谈论巴勒斯坦的情形，每当那个地名浮现在我的脑海，我的心情便沉浸在深深的哀痛之中。思及我的那些犹太挚友，他们的金钱如同打水漂般消逝，我更痛心于他们所犯下的巨大错误。回溯摩西的时代，人人都在为这个走向堕落的国家大声疾呼，而如今，人们只需一瞥那战火肆虐过的土地，便会惊愕到无言以对。

埃里克在写给阿齐兹的上一封信中态度无礼至极，我希望他对此有所悔悟。与此同时，他已经收到了我长达14页的信件。他们到来的时间似乎要推迟了，我气得火冒三丈，因为现在天气严寒，他们根本无法抵达，他们无疑也不会相信我，直到明年再次遇到同样的情况。想象一下，生活在这样一个国度是怎样的情形吧，这里的人们自嘲地笑着说冬天挺暖和的,而昨晚的气温降至零摄氏度,室内温度充其量只能达到 15 摄氏度。这尚且是我们家,这里不仅装了壁炉,还装了小油炉。似乎每个人都认为这一切再正常不过了:每年患上两次流感,其间还伴随着长期的感冒和慢性的腰痛。

如果你们觉得这样的信能带来些许愉悦,那倒也不错。然而,我猜你们可能宁愿什么消息都没有,也不愿听我东拉西扯地发牢骚。

替我转达对梅纳德叔叔以及米勒家其他人的爱。我估计,我那两位侄女就是捣蛋鬼,这也正好遂了我母亲的心愿,因为她总是说想要一个孙辈——还指望我来完成这个任务。另外,请回答一下这个问题:万一我出于偶然,或是上帝的旨意,抑或刻意的安排而生下了一个宝宝,我可以把孩子寄养在美国吗?就几年而已。因为这个国家对于小婴儿来说实在难熬,再说,带孩子的前五年也会让我烦得要命。不过话说回来,这种事发生的可能性也不大。

爱你们的李

无聊的感觉在李的心中潜滋暗长,就像来自敌方的潜伏者,在暗中悄悄地发挥作用,挑动她的不满情绪。她渴望刺激,需要用令自己满意的创造性方式来拓展她强大的心智,她低估了这种内在需求。终其一生,她似乎都难以实现自己的追求。一旦投身于某事,她便可以从中获得源源不断的自我激励。然而,最令她痛苦的永远是迈出第一步。一旦最初的火花未能点燃,沮丧就会在不知不觉间侵蚀她的灵魂。

埃里克在运输公司接受完培训后,便和玛菲登上了一艘经亚速尔群岛驶往亚历山大的美国客轮。船舱里装载着一辆雪佛兰轿车,是他们替阿齐兹购买的。按照阿齐兹信中的指示,埃里克还购买了价值300美元的规格不一的猎枪子弹,都藏在汽车的后座底下。这让埃里克和玛菲焦虑不已——不难想见,将弹药走私到一个近期饱受革命和骚乱之苦的国家,是多么愚蠢的行为。雪上加霜的是,这艘客轮刚离开纽约,便遭遇了一场可怕的大风。在最初的四天里,所有乘客都被关进了船舱,轮船上下颠簸,海水灌进了舱内。猛烈冲击下,滚落的行李在浸水的船舱里到处乱撞。原定参观亚速尔群岛的活动被取消了。1937年3月4日,客轮终于停靠在亚历山大。

阿齐兹曾承诺会到码头迎接夫妇二人,并帮助他们迅速通过海关查验,然而他迟迟未出现。埃里克和玛菲趴在栏杆上,望着其他乘客下船,办完入境手续,陆续进入这个国家。那辆汽车被裹在一张大网里,由起重机吊在空中,码头上聚集起艳羡的围观群众。在漫长等待中,埃里克真巴不得这辆车在高温中蒸发掉。他心中的怒火和懊恼不断积聚,脑海中不禁浮现出埃及那悲惨的牢狱生活的场景。

过了好几个小时,阿齐兹才若无其事地漫步而来,没有半句道歉的话。埃里克和玛菲如释重负,没顾得上将他痛骂一顿,而是欣然随他去了海关。他们三人坐在一个埃及胖官员的办公室里,免不了喝一小杯掺着沙子的极甜咖啡,说上半天客套话。接着阿齐兹站起身来,从钱包里抽出几张钞票递给那个官员,随后他们一行人就踏上了去往开罗的路。

这条路是由英国军队修建的,位于尼罗河以西数英里处的沙漠边缘。即便这些美国人见多识广,这片广袤天地仍给他们留下了深刻印象。他们惊叹于干燥的空气和其中夹杂的各种气味,惊叹于牛粪燃烧时的刺鼻烟雾,惊叹于异域饮食的香气,还有骡子、骆驼、富饶而葱郁的三角洲,以及沙漠的荒凉之美。到达开罗以后,他们驱车穿过尼罗河上一座低矮的石桥，来到吉萨，顺着蜿蜒的道路驶过大约半英里。只见在巨大树篱的遮掩下，是一座座彼此相距甚远的宅邸。阿齐兹的豪宅就矗立在这里。不消说，金发碧眼的李也在这里，她张开双臂，紧紧搂住了埃里克和玛菲，先是哭个不停，然后一下变得非常平静，为他们就在眼前而欣喜。[2]

这座宅邸房间宽敞，地上铺设着大理石，墙壁镶着橡木板，即便建在伦敦郊外某处光鲜的社区也毫不违和。宅子里请了几名仆人。李有一名私人女仆埃尔达，有南斯拉夫血统的她在李眼中更像是朋友而非雇工。厨房里主事的是一名阿拉伯厨师，他在意大利受过训练，会烹饪各色美食。他将阿里－巴卜撰写的那本法文菜谱的阿拉伯语译本奉为圭臬。他被阿里－巴卜这个名字所吸引，却没发觉这其实是某个法国人的笔名。

埃里克立即投身到工作当中去了。当时，运输公司正在为议会大厦安装空调，由法鲁克国王主持的典礼迫在眉睫。一旦无法及时安装完成，公司将遭受毁灭性打击。埃里克与苏格兰工程师彼得·格雷率领的一支埃及技师团队共事。他长时间地工作，根本无暇社交或参加没完没了的聚会。在埃里克苦苦奋斗时，阿齐兹依然是一副事不关己的态度，后来甚至突然跑去了亚历山大，忘记安排人来支付埃里克的薪水。在弟弟身无分文地过了几个月后，李不得不插手，要求人们为他安排妥善。

工资支票刚一兑现，埃里克和玛菲立即在开罗市中心一套单身公寓里安顿下来。这套公寓是从拉瓦赞伯爵手里租来的。李给埃里克夫妇送上了一份乔迁大礼——一名名叫穆罕默德的仆人。这名年轻人来自上埃及，因为以前曾在英国军官手下工作过，所以表现得严肃、拘谨，这反而掩盖了他亲切的本性。玛菲患上了严重的痢疾，突发大出血，很快便病倒了，而后卧床休息了一个月。穆罕默德一直体贴地陪护她。

就像去棉花农场那次，跟阿齐兹一起短途旅行称得上是一种严峻的考验,但令人意外的是,李反而因此爱上了沙漠旅行。她希望踏上路途更长且更加惊险的旅程。沙漠旅行是一门艺术,需要多年的经验积累。一想到出门冒险,李消沉的情绪便一扫而空,她满腔热情地着手计划。她雇来了一位向导,这位向导原本是苏丹的士兵,他准备了一辆装有太阳罗盘的汽车。李还召集了一帮朋友,他们额外提供了四辆车。队伍里的每一位成员都需要准备一些食物,而供应水和饮料的责任则落到了李的肩上。

探险队就此出发,前往位于红海腹地的圣安东尼厄斯修道院和圣保罗修道院。第一天下午,他们的队伍就深入了沙漠。下午4点左右,他们停下来安营扎寨,向导则继续前进,去勘探路线。到这时,队员们已经把自己水瓶中的水喝光了,于是向李寻求补给。她带来了一个巨大的绝热容器,里面的水看起来足够大家饮用,可是等她将容器打开,大家才发现里面是满满的加了冰的马提尼鸡尾酒,众人不禁哄然大笑。大家好脾气地小酌了几口,等待向导归来。酒精使他们更加口渴难耐,时间仿佛流逝得越来越慢,待到一缕烟尘升腾而起,昭示着向导的卡车正在靠近时,他们个个都已经渴得发疯了。卡车载有向导带来的应急物资——两个装满水的提桶,桶里的水已经有好几个月没人动过了。他们费尽九牛二虎之力,才砸开了桶盖,喝上了带着一股铁锈味的陈水。此时此刻,他们感受到的喜悦远远超过了品尝木桐酒庄顶级红酒所带来的体验。

出师不利丝毫没有减弱李的干劲儿,她对沙漠之旅反而变得更加雄心勃勃。只不过同行人数往往有所减少。一些旅程仅有短短数日,另一些则会持续数周。他们所到之处既有遥远的绿洲、沙漠中的废墟,也有红海上人迹罕至的游泳地点。李的探险之旅并不十分符合弗雷亚·斯塔克的精神,也不完全具备威尔弗雷德·塞西杰的勇气,但这些旅程颇具开拓性,有相当大的冒险成分。[1] 无论是事先的计划还是旅行本身都令人兴奋。

　　这些冒险虽然丰富多彩，却未能令李完全满足，欧洲的吸引力在她心中与日俱增，强烈到了无可抵御的地步。在某些意想不到的时刻，对巴黎的渴望会忽然涌上她的心头，仿佛盖过了一切思乡之情。有时她觉得无法忍受，随即陷入消沉之中，即便是阿齐兹温柔的关切也无法使其平复。这场阿拉伯美梦已经变成了一场噩梦，解决办法似乎只有一个。阿齐兹宽容地支持了李，为她提供了慷慨的资助。她于1937年初夏离开埃及，乘汽船前往马赛，再从马赛搭火车去巴黎。

---

[1] 弗雷亚·斯塔克与威尔弗雷德·塞西杰都是英国著名探险家和作家。

1933年，纽约。哈丽雅特·霍克特，芭蕾舞演员，摄于李·米勒的工作室（摄影者：李·米勒）

自左上图开始，顺时针依次为：

1933 年，纽约。文学经纪人约翰·罗德尔，李的男友之一

1933 年，纽约。弗吉尔·汤姆森，《三幕剧中的四圣徒》作曲者

1933 年，纽约。约翰·豪斯曼，《三幕剧中的四圣徒》导演

约 1932 年，纽约。"米凯·罗曼诺夫王子"（哈里·F. 格尔格森）

（以上均为李·米勒拍摄）

1933年，纽约。肯德尔·李·格朗泽，摄于李·米勒的工作室（摄影者：李·米勒）

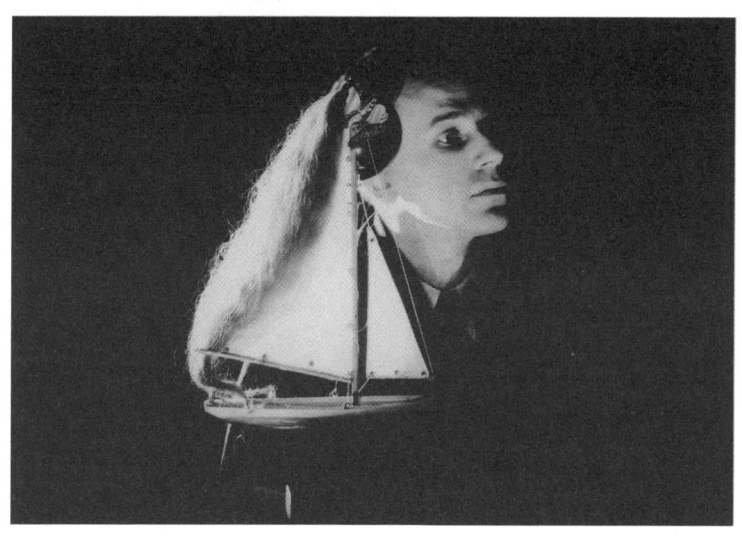

▲ 1933年，纽约。电影明星莉莲·哈维，本张照片出自一张经过过度曝光的底片
（摄影者：李·米勒）

▼ 1933年，纽约。超现实主义艺术家约瑟夫·康奈尔与他的一件作品被组合到了一起
（摄影者：李·米勒）

1932年，纽约。为一篇关于发带的时尚文章拍摄的自拍肖像（摄影者：李·米勒）

1934年7月,李在尼亚加拉瀑布度蜜月时拍摄的湍流云(摄影者:李·米勒)

▼
约 1935 年，埃及。阿齐兹·埃卢伊·贝正在钓鱼（摄影者：李·米勒）

▶
1931 年，巴黎。尼梅特·埃卢伊·贝，阿齐兹的第一任妻子（摄影者：李·米勒）

▶
埃及吉萨岛，阿齐兹的豪宅（摄影者：李·米勒）

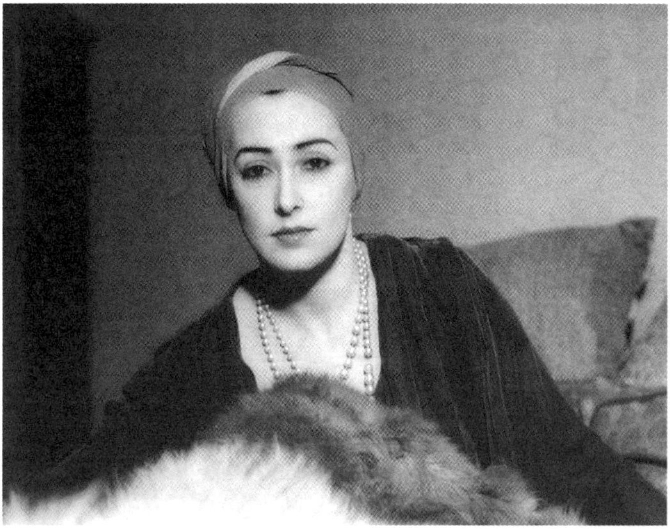

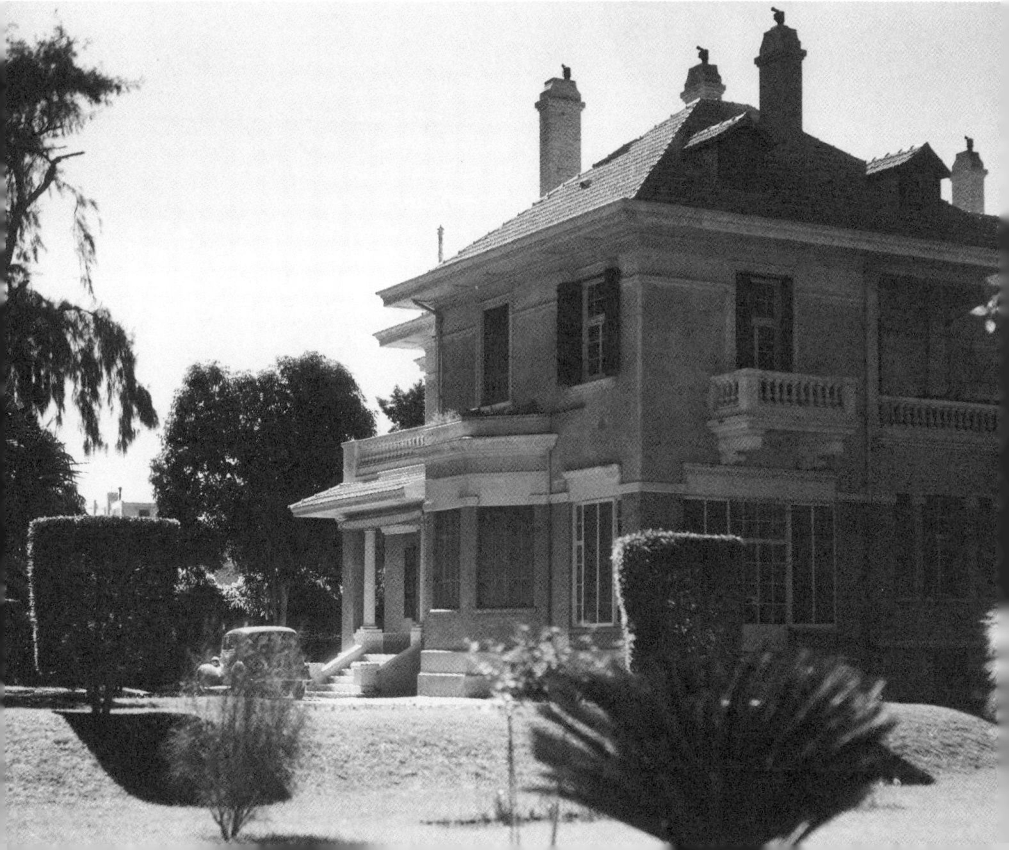

▲
1935 年，埃及。李（摄影者不详）

▼
1937 年，开罗。玛菲·米勒（摄影者：李·米勒）

约 1936 年，开罗。楼梯（摄影者：李·米勒）

《空间的肖像》，1937 年，埃及西瓦绿洲附近。1938 年，勒内·马格利特在伦敦见过这张照片，人们认为这是他创作《吻》的灵感来源（摄影者：李·米勒）

1936年,埃及亚历山大。缆桩(摄影者:李·米勒)

《列队行进》（沙滩上鸟的足迹），约 1937 年，埃及艾因苏赫纳（摄影者：李·米勒）

《云的工厂》(棉花包),1939年,埃及艾斯尤特(摄影者:李·米勒)

约 1938 年，埃及。摄自大金字塔顶（摄影者：李·米勒）

1938 年,埃及。李的耍蛇术入门课(摄影者:盖伊 · 泰勒)

第五章

逃离埃及
1937
—
1939

李在女仆埃尔达的陪同下抵达巴黎，入住德加勒王子酒店，并通过电话联络了几位昔日老友。罗沙姐妹，这两位举止优雅的豪商之女，即将在当晚举办一场超现实主义化装舞会，李也受到了邀请。整个巴黎的超现实主义者齐聚一堂。马克斯·恩斯特一身乞丐装，头发染成了醒目的蓝色。曼·雷、保罗·艾吕雅和米歇尔·莱里斯也都身着异装。许多姑娘发挥巧思，用较少的布料来装扮自己，颇具挑逗意味。在舞会现场，只有李一个人身穿中规中矩的深蓝色长裙。她的出现让所有人都感到惊喜，大家纷纷高声欢呼，争相拥抱她，责备她竟然消失了这么久。这是她近五年来第一次与曼·雷重逢，在舞会的喧嚣声中，他们二人冰释前嫌，重新成了朋友。

经过长时间的分别，与昔日的熟人重修旧好后，一旦久别重逢的兴奋归于平静，人们往往就会备感煎熬。李站在华丽的壁炉架旁边，淡然地望着在场的宾客。就在这时，朱利恩·利维出现了，身边还跟着一个裤子上涂满油漆的乞丐。利维替这个吓人的家伙做了介绍，此人的右手和左脚都染成了鲜艳的湖蓝色，更加令人惊惧。他身材瘦削，拥有一头黑发和一双蓝色的眼眸，身上散发着那个时代的人特有的热忱。从外貌和气质来看，他显然是个英国人——他便是罗兰·彭罗斯。他如此描述与李的初次见面：

　　她金发碧眼，热情洋溢，似乎很享受她自己的优雅气质与我那贫民般的落魄形象之间的巨大反差。就在这次相遇中，我再次体验到了一见钟情的感觉。罗沙先生对于在自己家中招待超现实主义艺术家这种事，是断然反对的，鉴于他一大早就要从纽约返回，宾客们便各自散去了。我问马克斯是否认识一个叫李·米勒的美人。"那还用说，"马克斯回答，"咱们明天邀请她来聚餐吧。"[1]

　　在马克斯的工作室举办的晚宴大获成功。李的美貌与活力点燃了那个夜晚。李有着超现实主义的奇思妙想，她大谈来自埃及的天方夜谭，追忆着20世纪20年代的旧日巴黎，让在场的每一个人都度过了一段欢乐时光，直至夜深人静。在灯火的照耀下，酒瓶不断传递，欢声笑语此起彼伏。次日，临近中午时分，在罗兰所住的和平饭店的房间里，李在罗兰的怀里醒来。罗兰剃须时手没拿稳，锋利的剃刀割伤了李的手。伤口流了大量的血，需要缝合，李却一笑置之，声称他们二人现如今已是血亲手足。随后数周，李只是偶尔返回自己的酒店小憩，换身衣服，然后又动身与罗兰踏上下一次旅程。展览、戏剧、聚会、与超现实主义者的会面，这一切对李来说无异于在沙漠中觅得一汪凉爽的清泉。

　　罗兰和马克斯·恩斯特去了英国，为马克斯即将在市长画廊举办的展览做准备，李则继续留在巴黎。过了两周左右，她将埃尔达留在巴黎，自己则与曼·雷和他来自马提尼克岛的女友埃迪一起出去玩了。一行人先乘船前往南安普敦，然后搭乘火车去普利茅斯与罗兰会合。

　　罗兰开着他的福特V8汽车迎接了他们。汽车驶过特鲁罗市后，他们在康沃尔郡狭窄的小路上行进，两旁的花岗岩石墙遮挡了视野。开出大约十英里后，他们突然转向，穿过一座农场的大门，行驶在小径上，驶过连绵起伏的牧场。远处的特鲁罗市映入了眼帘，他们直面特鲁罗河宽阔的水面。兰姆溪隐藏在高大的山毛榉树丛间，它紧贴着陡峭的山坡，仿佛怕水流打湿了山脚。

这座美丽的乔治式房屋仿佛是从爱情小说中被直接搬进现实的，它是罗兰的兄弟贝克斯的财产。贝克斯在一艘帆船上当三副，正沿着拉布拉多海岸航行。趁他不在，罗兰把宅子租了一个月。保罗和努施·艾吕雅已经到了，先来的还有马克斯·恩斯特和莉奥诺拉·卡林顿，在接下来的几周内，随着赫伯特·里德、E. L. T. 梅森斯、艾琳、阿加和约瑟夫·巴德相继赶到，超现实主义者的队伍不断壮大。大家热火朝天地讨论着超现实主义，不时去兰兹角等处观光，游览偏僻的溪流和摇摇欲坠的岩石，领略康沃尔小酒馆的魅力，还体验了激烈的性爱。李几乎从未有过这般享乐主义的放纵和彻底的满足。阿齐兹对此似乎有所察觉，他在信中写道：

埃及航空俱乐部

亲爱的：

你的信让我联想起一匹在马厩里圈养了太久的纯种马。刚一踏出马厩，它便雀跃欢腾。

不知怎么回事，我认为，你不会长久地迷恋这种忙碌的生活，尤其是身旁还伴随着一群名字古怪的人。就我个人而言，我只听说过他们中的少数人，那些名字仿佛在乡下电影院播放的电影字幕里出现过。

我很庆幸你离开了巴黎，退掉了那家酒店。那可真是个销金窟！只是用来睡个觉而已！既然现在你用不着埃尔达了，那你最好给她写封信，让她回到埃及。如果她愿意的话，中途可以去见一见她父母。不用操心给她寄钱的事，我明天就给她寄一张支票过去。我想在亚历山大弄套公寓，她在这里会生活得更好。我在考虑，或许我就不用过去陪你了，不如在这里等你回来。我会把我原计划用于旅途的钱寄给你，这样可以提醒你，你已经用掉了200英镑的大部分。你也知道，我们现在忙得不可开交，手头有三个安装项目，亚历山大还有另一个大项目即将开工，就在皇家电影院。我觉得，在这个节骨眼儿上，我没办法离开办公室。你可以在那边一直待到8月，然后返回亚历山大，到那个时候，我们就可以开开心心地玩快艇了。霍普金森一家也会去，我们可以好好消遣一下。顺便说一句，我要在帆船俱乐部写下我们的名字。

亲爱的，好好享受吧，但别太过……你可以想象，开罗的日子很无聊，所以我支持你离开一阵子，这是为了你好。只不过，没有你在身边，我觉得既孤独又沮丧。

爱慕你的阿齐兹

在兰姆溪的一个月结束了，众人各自散去。几周之后，他们又在位于法国穆然的大地平线酒店聚首。在这个地方，众人的焦点是毕加索，数天前，他刚和朵拉·玛尔一起过来。离开巴黎之前，他已经画完了《格尔尼卡》。不管怎么说，西班牙内战的人间惨剧与穆然的歌舞升平形成了强烈的反差。

毕加索不工作就活不下去，多数日子里，他会在早晨作画。

虽然他（毕加索）作画时以真人为原型，主要是努施和朵拉她们俩，但大部分画作在绘制时都没有模特。有一天，他画的是保罗·艾吕雅，后者打扮得像个"阿莱城姑娘"，居然在给一只猫喂奶。接下来，他说自己给李·米勒也绘制了一幅肖像画。李的形象出现在鲜艳的粉红色背景中，她的面孔被涂成了鲜黄色，如同太阳一般。这幅画并非对着模特现场创作而成的。她的两只眼睛含着笑意，与绿色的嘴被画在同一侧脸上；她的双乳如同船帆，灌满了喜悦的微风。这幅作品与她本人具有惊人的相似度。李充沛的生命力和生动的美被融合到了一起，统一地显现出来。这无疑就是她的真实写照，然而，这幅画作打破了传统肖像画的固有范式。[2]

罗兰以 50 英镑的价格买下这幅肖像画，送给了李。几周之后，她的"出狱放风"之旅结束了。她十分坚决地把这幅画也装进了行李箱，在马赛登上了开往亚历山大的船。在罗兰眼中，这次分离只是暂别，因为他们俩已经模糊地幻想和勾勒了许多出游计划。

她终于回家了，喜出望外的阿齐兹举办了一场盛大的宴会，邀请了上百位朋友前来参加，当然也包括埃里克和玛菲。毕加索画的那幅肖像画悬挂在大厅的一面墙上，凡是进入大厅的人都必须从其旁边经过。李安排玛菲守在画旁，指示她偷听来宾的评论。在宴会开始之前，消息早已传开了，大家都知道李为一位著名艺术家担任了模特，且自然以为会是一幅传统的肖像画。谁知当作品被展出时，大家惊愕不已。酒过三巡，许多客人乘着醉意声称自己就算闭着眼睛，也能轻而易举地画得更逼真。这早在李的预料之中,于是她瞅准时机,猛地推开另一个房间的门。颜料、纸张、画笔,那间屋子里应有尽有。"好啊!"她挑衅地说,"瞧瞧各位能画成什么样。"这场宴会取得了令人难以忘怀的成功,所有宾客尽情地乱涂乱画,把自己的晚礼服踩躏得一团糟。

经过数月的寻欢作乐之后,对李而言,开罗的社交生活变成了令人生厌的诅咒。她曾用"黑缎与珍珠"来形容人们沉闷的衣装。在聚会上玩心灵感应和透视这种幼稚的游戏,在杰济拉体育俱乐部的游泳池边日复一日地游荡——与她出国旅行之前相比,这样的日子她越发难以忍受。李本人大概没有充分意识到,美国人的身份给她带来了不少特权,在社交上赋予了她比其他外国女性更大的自由。她可以随意进出诸如谢泼德酒店的汤米酒吧这样的场所。李和玛菲被人称为"那两个美国妞",她们享有的自由常惹来旁人的艳羡。"你们俩随便怎么样都行。"别人会带着妒意抱怨,"你们是美国人,不管你们做什么,谁也不会多想!"

关于李,开始出现了一些更加恶意的流言。这不足为奇,因为她本就以特立独行为乐,下流的闲聊始终没有对她本人造成干扰。但阿齐兹和她身边的密友所遭受的伤害却令她很难受。有时,她能借助同样的八卦渠道反败为胜。例如,某个年轻的维修人员有种特殊嗜好,在性爱的前戏中,他喜欢将毫无防备的女友捆绑起来殴打。在某次前戏中,他玩得过于激烈,让对方受了重伤,而那姑娘恰好是李的朋友。李与另外两个自告奋勇的帮手一起,以约会为名把对方骗进了亚历山大的一座海滨别墅。在别墅里,他们几个把他捆绑起来,拿鞭子将他痛打了一顿,打得他遍体鳞伤。然后,为了确保会有许多人同情地询问他的伤势,他们又散布流言,说他被不明身份的袭击者打伤了。事后,那人就申请换了一个更安全的工作岗位。

沙漠旅行成了能让李逃离这个社交圈子的唯一途径。阿齐兹几乎不怎么陪李去，他更喜欢钓鱼，而且他承受的工作压力也在与日俱增。如今，李已经拥有了自己的汽车，这是一辆动力强劲、结实耐用的帕卡德敞篷车，可以直接在没有道路的野地狂奔。她的旅行队成员都是从朋友中精挑细选的，如商人盖伊·佩雷拉和他的妻子黛安娜、英国大使馆的亨利·霍普金森和其妻子艾丽斯，还有爱尔兰卫队的上尉贾尔斯·凡达勒尔。这些人不仅是出色的旅行家，而且为人谨慎。沙漠旅行使人逍遥自在，但若这种自由的享受在整个开罗传开，事情就变了味儿。贾尔斯跟李的关系尤其密切。李很欣赏他身上那种爱尔兰人的机智。贾尔斯凭借这种机智毫不留情地戏弄过她，他还能将发生的所有麻烦都以幽默的方式轻松化解。

一次在前往卢克索的旅途中，她们一行人遇到了耍蛇师穆萨，他是几周前被蛇咬伤而亡的"大穆萨"之子。霍普金森会讲一口流利的阿拉伯语，他发现这个人具有一种特殊的能力，可以把蛇从岩石间的藏身之处引诱出来。霍普金森和旅行队里的另外几个男人把耍蛇师带到几块巨石背后，让他脱到只剩内衣，以证明衣服里面没有藏蛇。然后，他们挑选了一处他们认为没有蛇的地方。耍蛇师奏起了一支单调的乐曲，没过几分钟，蛇便从四面八方滑行而出。李看得入迷，非要了解其中的奥秘。耍蛇师以本地人的方式告诉她，学成需要多年。不过，为了证明这种魔法是有效的，他先让李郑重起誓永不伤蛇，接着抱起一条巨大的眼镜蛇缠在李的肩头。那条蛇仿佛被驯服了一般，温顺地搭在李的肩上一动不动。

在另一次旅途中，旅行队前往红海海岸泡温泉，不料却遭遇了一场猛烈的沙尘暴。他们勉强找到一处军事哨所，在一间沾满苍蝇屎的简陋小屋里栖身，任凭风暴在四周咆哮。那天晚上，霍普金森病得很厉害，浑身直打寒战。而他们能做的，不过是把装满热水的依云矿泉水瓶围在他身边，为他保暖。曙光乍现时，风暴势头已经减弱，他们得以驱车赶往苏伊士。飞舞的狂沙磨掉了车身的油漆，只剩下光秃秃、明晃晃的金属。医院的人诊断霍普金森患了胸膜炎，这使他卧床休息了数周。

或许是由于埃及的风貌与葱翠的英国形成了鲜明对比，也或许是由于最近与超现实主义者的重逢带来的启迪，不管怎样，李重新开始摄影了。许多照片不过是记录朋友们在船上或游泳池边游荡的快照。埃及本地人的照片寥寥无几，这可能是因为他们不愿被人拍下，而李尊重他人的隐私。总体而言，这一时期的摄影作品以风景照和建筑照为主。

这些照片不仅是游客视角的凝视，在一张张照片中，可以看出某种新奇的并置或观照。超现实主义者的目光就像晦涩的诗歌，把生长在村庄屋顶上的植物变成脸庞上的发丝，或者让瓦迪纳特伦的修道院的白色穹顶显得比乳房还要性感，为穹顶下的独身修士平添了几分讽刺意味。即便那些乍一看经过了精心构图的建筑照片，也展现出了高度的感知力和象征意义。风化的岩石耸立如残破的阳具，还有被成堆的岩石堵得密不透风的神庙门廊，也带有类似的性意味。棉花包里的棉花变成了压缩的云朵，在严密的束缚下绷得紧紧的，几缕逸出包外的棉絮挣脱了束缚，与天空中的同伴相聚。

李的精神重新焕发了活力，来自罗兰的书信让她更觉振奋。信中确认，他们两人将于1938年春在雅典幽会。当约定的时间来临时，李在亚历山大将那辆帕卡德汽车装船，在格尔蒂·维萨和她兄弟的陪伴下登上了甲板。维萨一家是来自埃及艾斯尤特的科普特正教会世家，以种植棉花为业，他们是阿齐兹的老友。格尔蒂是位年方十九的活泼少女，作为埃及代表队的队长，要去布达佩斯参加国际桥牌锦标赛。岸上的阿齐兹热情地与他们挥手道别，轮船随即解缆启航。出乎意料的是，正当最后一根缆绳即将松开时，曾经与李有染的贾尔斯·凡达勒尔忽然冒了出来。他之前听说李会乘坐这艘船，他又恰逢休假，便决定随船同行。从那一刻开始，这段为期四天的航程就变成了一场欢乐的聚会。

船至雅典，在灼人的热浪中，李和贾尔斯住进了布列塔尼大酒店。几天之后，罗兰发来一封电报，说他即将乘坐一艘从马赛出发的希腊商船到达雅典，贾尔斯识趣地搬出了酒店。

罗兰将自己的著作《路宽于长》称为"来自巴尔干半岛的影像日记"，他在书中这样写道：

> 在短暂地体验了古今希腊的种种奇观和刺激之后，我们离开了旅馆，告别了梦幻的岛屿和海滩，驾车向北方的内陆驶去，一路上欣赏着偏僻的村庄、山脉、葡萄园和橄榄树林。我们在人迹罕至的地方扎营，在大树的树荫下停留，享用牧羊人从羊群中弄来的凉丝丝的酸奶，让身心重新振作起来。
>
> 参观完萨索斯的树林之后，我们穿过保加利亚，到达罗马尼亚。最先让我们欣喜的是衰败而精致的布加勒斯特，茶馆里竟然有鱼子酱出售，在每一辆马车上，赶车人身旁都端坐着一位小提琴手……遗憾的是，我不得不把李留在布加勒斯特，搭乘东方快车回家。这段旅程在仓促间就结束了。归途中，突如其来的一幕在慕尼黑等待着我，把我的心思又拉回到现实的政局：在慕尼黑车站的拱顶上，装饰着成千上万面纳粹旗帜，直到拱顶的尽头，以纪念张伯伦对希特勒的绥靖性访问。

罗兰离开后，李还在布加勒斯特盘桓。这份未发表的手稿大概是她在1946年写的，她在文中如此描述：

在某些地区，异教徒的习俗与基督教的仪式混杂在一起是司空见惯的事……神父刚一转身，参加追悼仪式的母亲便立刻往孩子嘴里塞进一枚硬币，以此献给冥府渡神……母亲还会把孩子绑在棺材里，以免孩子的鬼魂回家缠着自己不放。在三天时间里，她必须为这具尸体哀悼、恸哭……即兴创作诗歌是大部分农民与生俱来的本领，他们时而恳求孩子不要离开这个世界，时而恳求他不要以鬼魂的形式重返。

上述种种都是我在1938年的见闻，当时，我与哈里·布劳纳一起在这个国家四处游荡。现如今，他已经当上了大学的音乐史教授，还是罗马尼亚民俗研究所的所长。我茫然地从希腊出发，途经保加利亚，来到了布加勒斯特，其实是要去往华沙。我随身携带着一包来头大得吓人的介绍信，介绍人有皇室成员、独裁者、黑市商人、身穿时髦黑缎衣裳且佩戴珍珠的精英，以及大地主……其中一封信出自巴黎一位超现实主义的画家朋友之手，他叫维克托·布劳纳，信是写给他兄弟的。这些信混杂在一起，我就像从摸彩袋里抽奖那样，恰好就抽中了维克托这一封，真是幸运之至。别的介绍信我一直没用上。他兄弟哈里当时是音乐家兼研究员，正忙着收拾行李，准备在自己的国家旅行三个月。哈里带着一台留声机。同行的还有一位名叫莉娜的艺术家，以及一位满脑子法西斯思想又反复无常的老教授。他们本打算搭乘班次稀少的火车，再用搭便车和徒步的方式完成旅行。而我有一辆一度超级时髦的灰色帕卡德汽车，并且无事可做。我们跟随着吉卜赛人的脚步，经过一个又一个营地……我们匆匆驶遍全国，寻觅一场婚礼……遇到有人开展巫术活动或在谷仓里驱魔，我们便逗留了数日……为了赶上一场黎明时分开始的魔法表演，我通宵驾车，累得都抽筋了。到达那个昔日古罗马人的定居地时，我们跛着脚从车里钻出来，像剥人头皮的美洲印第安人一样，在汽车前灯的灯光下跳舞……嘴里还哼唱着"喔莫莫，奥利米卡多多多……"，或古老的马其顿歌谣。随之听到的是唱和的歌声。我们在农民的床上睡觉，床上垫着厚厚的羽毛被，铺着手工编织的床单，每翻一次身都会被蹭掉点皮。跳蚤在床罩上练习跳高，将我们的脚踝和腰部咬得伤痕累累，留下了玫瑰花似的图案。我们畅饮了大量的烈酒，还喝了许多脱脂牛奶来补充水分。在布科维纳省，有着陡峭尖塔的教堂真是令人心醉。教堂外墙上绘有壁画，我们为每幅壁画都拍了照片，还代表研究所收到了保存在玻璃容器中的圣像。教堂并未销毁这些圣像，但不再用它们了，而是更青睐邮购目录里的彩色石印画、圣油和大批量制作的石膏圣徒像。在边界清晰的地区，我们遇上了一些难题……四只轮胎被扎破过好几回，还有一次，帆布车顶被小偷用刀给划破了……我们既没有食物，也没有过夜的地方，更没有汽油。电话交换机毫无反应，我们也没有享受到热情而善意的招待。

音乐，节日舞蹈，婚葬仪式，祈求雨水、生育和丰收的魔法，在小地方，这些都是合乎传统的。然而一旦到了河对岸，或者森林的另一边，这些就成了闻所未闻的做法。在吉卜赛人的祈雨仪式上，人们会选出一男一女两个孩子，让他们穿上用树叶制成的衣裙，这种衣裙的样式与夏威夷草裙颇为相似。孩子唱着原始的祈祷歌谣，神采奕奕地四处奔走，一旁的大人则把一桶又一桶的水往他们身上浇。农民的典礼使人想起希腊文学中的上古仪式。纯洁的儿童（十岁以下）捏制湿漉漉的黏土娃娃，放置在木板上，为其嵌入龙胆草制成的蓝色眼睛和鲜红花瓣做成的嘴巴，其性别特征被明确地刻画出来。祭品四周装饰着鲜花，盛着水果，由负责送葬的孩童抬着，被运到干旱的平原上距离最近的水边。孩子举着点燃的蜡烛，念诵相应的祷词，将象征其中一位孩子的祭品置于水面，那娃娃随着水流缓缓漂去，仿佛真的淹死了一般。

重返开罗之前，李已经开始筹划下一次旅行了。这一回，她的旅伴是英国大使馆的三等秘书伯纳德·伯罗斯。李是在同年早些时候遇见他的，他们曾经一起去过红海，不过这次冒险的野心比那回要大得多。经历过巴尔干之行后，那辆帕卡德汽车的车况变得很糟糕，他们便把伯纳德的福特汽车沿地中海海岸运到了贝鲁特。在这一时期旅行难度很大，因为阿拉伯人在巴勒斯坦起义，平民生活受到了许多影响。他们计划先进入叙利亚，直至大马士革，然后向北穿过沙漠，到达巴尔米拉的废墟，再经阿勒颇返回贝鲁特，在那里滑几天雪。

伯纳德是位古典学学者，他的学术热情使那些古城和废墟焕发了生机。他讲历史的方式就像是在叙述一个个精彩的冒险故事，他描述战斗、围城以及那些被黄沙掩埋的文明，为荒凉的风景注入了生命。他也有优秀旅伴所需的其他品质，如丰富的规划和导航经验，以及娴熟的交涉技巧——他尤其擅长与那些固执的官员打交道。和他在一起很有趣，而他也爱上了李。但对李而言，这次旅行不尽如人意，因为她忽然良心不安起来。

贝鲁特新皇家酒店，1938 年 11 月 17 日

亲爱的阿齐兹：

我到了——经历了好几天荒唐的滑雪活动——雪——刺骨的寒冷——而且好玩。这里的风景与天气就如人们的宗教和种族一样复杂多变。沙漠——耕地和山脉——舒适又难受——有趣又无聊。这一切隐约有些令人失望，这是我自身的精神状态使然。我无法直接抨击或欣赏任何一样东西，因为我的内心过于破碎和纠结。无论是清醒时，还是入睡后，我的潜意识一直在嘀嗒作响，每时每刻都令我痛苦，我不知道该怎么对付它。我不能只是把自己的耳朵塞起来了事，就像对付吉萨的狗，或者你那只精致的新钟，或者修剪草坪的园丁那样。已经无路可逃了，再也没办法假装万事大吉了，更糟糕的是，我这个胆小鬼宁愿隔着这么远的距离来解决问题，指望一切小事都能自行平息。在这个地方说一说回来的事，了解一下回来的事，对我来说要轻松得多，对你而言应该也更轻松。说说你是否想我，为什么想我，怎么想我——面对面地聊这件事太"让人不好意思"了，谈话多半又会被我的情绪与泪水所裹挟，或是被无关紧要的争吵（围绕朋友或者午饭时间等问题）所掩盖。但是，知道自己想要什么并不容易。我觉得，你极其希望可以免去因我而起或与我有关的麻烦，当然，还要免于良心的罪责，既摆脱了对我的责任，也不必再全神贯注地关心我。然而，无论你是出于仁慈，还是误以为我会改过自新，你都是在蒙蔽自己。作为你的夫人——甚至作为伴侣——我一文不值。

至于我，坦率地说，我并不知道自己想要什么。除非"拿到属于

我的蛋糕,把它吃掉"。我幻想同时拥有安全感和自由,在情感上,我需要全心专注于某项工作,或者某个我爱的男人。我认为,我要做的头等要事就是赢得自由,或创造自由。这样一来,我就有机会重新集中精力,并期盼某种安全感会随之而来。即便未能如愿,斗争也会让我保持清醒与活力。

目前,我已经返回贝鲁特,再次着手解决签证和身份上的困难。除非你希望我回到埃及,与你认真地讨论关于你、我或者我们的未来,否则我可能会选择回美国,或者去欧洲……

别了,亲爱的,无论我回来还是就此远走高飞,都祝你好运。

爱你的李

李依旧回到了阿齐兹身边。他亲切、温和、深情款款,欢迎她的回归。不过此时情况已一目了然——这段婚姻再无挽救的希望了。他从不允许自己的恼怒流露出来,而是一次又一次地寻找解决之道,以安抚李永不宁息的内心。纵容永远无法平息她心中的动荡,这是她根深蒂固的本性。

李尝试将注意力重新放在社交活动上。恩姆费因男爵和他年轻貌美的美国妻子戈尔迪多次在家中举办奢华的晚宴,这些活动确实为她提供了不少消遣。晚宴的宾客是身在开罗的各国人士,时不时还有些世界名人跻身其中,如芭芭拉·赫顿。餐厅华丽非凡,如同电影布景。餐具均由黄金打造,每张椅子后面都站着一个身穿制服的侍从。每当晚餐结束,侍从便会奉上奢侈的鸡尾酒。恩姆费因男爵会吹响一支法国猎角,听见这个信号,所有客人便蜂拥而出,乘车转战某家夜总会。

1939年早春,李住在艾斯尤特的维萨家。这时,罗兰·彭罗斯出现了,并送上一副金手铐和《路宽于长》的手稿作为礼物。他这次到埃及来,借口是担任埃及学家贝丽尔·德·佐特的摄影师,以辅助她对民间舞蹈的研究。

> 在阿齐兹的帮助下,我们计划驾驶李那辆动力强劲的帕卡德汽车去探险。除了李和我,同行的旅伴还有李的弟媳玛菲,以及摄影师老朋友乔治·霍伊宁根-许纳。我们动身前往西瓦,这是一片位于开罗以西 500 英里处的独特而幽静的绿洲。
>
> 我们沿着一条若隐若现的小路行驶,经过遭受风吹雨打的壮丽悬崖,在广阔的椰枣树林上方,出现了大片奇异建筑,那里就是西瓦绿洲。我们在沸腾的绿松石色温泉水中沐浴了两日,与官员们一起啜饮甜茶,他们都是阿齐兹的朋友,因而也算是李的朋友。两日后,我们才回到和蔼可亲的阿齐兹身边。[3]

即便是在偏远的西瓦绿洲,战争的阴云也在聚集。有几队伪装成阿拉伯人的意大利人在活动,据说他们在绘制沙漠地图。英国向埃及政府施加压力,要求限制外国人在埃及的旅行。罗兰·彭罗斯提及的所谓"阿齐兹的帮助",其实意味着阿齐兹倾其全部影响力,方让霍伊宁根-许纳得以参加这次探险。

西瓦不仅是一座绿洲小镇,孤立的位置让这里形成了独一无二的文化。当地的萨努西部落民生着蓝眼红发。在西瓦绿洲,男人和男人结婚并不罕见,而且完全合法。当男孩子到了适婚年龄时,他们会把头上的一块头发剃光,以此表明已经可以婚娶。而女孩子在年满十三岁时被视为可以结婚,她们会佩戴一枚银章,以显示她们已经到了适婚年龄。

李一行人住在一家政府疗养所内。附近有一处天然温泉。李和玛菲找男人们借了两条短裤，赤裸着上身跃入了水中。当地官员非但没有对这一幕大发雷霆，反而看得入了迷，在几人逗留期间予以慷慨款待。最后一夜，他们专门签发了酒类许可，允许大家购买枣酒，作为对客人的致敬。这种稀罕事固然令人欣喜，但告别宴会最终变成了一场疯狂的喧闹，尊贵的客人们只好躲进房间里寻求清静。

罗兰返回英国之后，李又与伯纳德一起在沙漠旅行了多次，以进一步纾解心绪。他们完成了一次雄心勃勃的往返旅行，全程将近900英里，途经法拉弗拉、拜赫里耶、达赫拉，以及哈里杰绿洲。在另一次旅程中，他们顺着海岸一路向南，从红海到达塞法杰，然后回到内陆，再沿尼罗河返回。然而，这样的旅行再也无法给李带来任何长久的满足。她对旅行不时涌出的迷恋终于耗尽了。

到了6月，李毅然决定无限期地逃离埃及。为确保她在经济上无虞，阿齐兹慷慨地赠予了她大笔投资组合。他依旧深爱着李，但已认清现实，不会幻想自己还能给李幸福。他的慷慨超乎寻常，即便面对会使大多数男人火冒三丈的要求，他也尽力满足。6月2日，他来到塞得港，不失体面地与李诀别，送她登上驶往南安普敦的"奥特朗托"号轮船。

离别几乎没有给李带来半点儿悲伤，西瓦绿洲一游之后，她就一直与罗兰·彭罗斯保持着通信。此时，她正奔向罗兰的所在。

以下摘自李的日记：

一如往常，我会推迟将近一周才开始写日记，而这段时间正好用来等我臀部的甘油栓剂溶解。这是一个让人紧张的清理过程，旨在清除体内的食物残渣——从上周就开始了，这相当于一次全身的大扫除。

第一天——到达：

倾盆暴雨里，在尼德尔斯最初望见了陆地，感觉特别紧张。出乎意料的是，罗兰突然在桌旁现身了，入关前的光阴漫长得似乎永无休止。在此期间，我们一直热切地彼此对望着。我两眼放光地穿过海关，世界上最为陈旧、巨大的劳斯莱斯汽车竟然在码头上充当出租车，这给我留下了相当深的印象。

我不知道罗兰是否真的把我的病情告诉了警察。在酒馆享用了三明治之后，我驾车前往伦敦。经过长途跋涉，又整天喝白兰地，我口渴得要命。一抵达阿提奥尔，我就与曼·雷共进晚餐。晚餐期间，我主要与梅森斯交谈，他的话语令人振奋。之后，我们一行人回到汉普斯特德，曼也留下来过夜。

我们做爱，睡觉，享用早餐，随后前往伦敦画廊参观毕加索的画展。午餐过后，曼乘飞机离开多切斯特。在这里，盥洗室里的女人看着都像公爵夫人，这与法国人形成了鲜明对比，那些法国女人看上去似乎当过老鸨或者妓女，总是身材丰满、心情愉快、态度友好。这里异常阴冷潮湿。我在弗雷迪·梅耶那里观看了罗兰的作品展，这让我重新与弗雷迪建立了联系，也唤起了许多关于过去的回忆。

以下内容摘自 6 月 21 日李写给伯纳德·伯罗斯的信：

亲爱的：

差不多天刚蒙蒙亮，我就已经结交名流归来了。在伦敦拜访老友，度过了忙乱的两天。跟曼·雷一起吃饭，他专门为我多逗留了一天。次日早晨参观了四场画展，然后在潮乎乎的芬芳空气中匆忙赶往康沃尔郡，乘船旅行，玩斯诺克台球，一路上说啊说，说个没完。

我们驾车疾驰到马尔帕斯，坐一艘咔嚓咔嚓直响的小船起航，穿过地势很低的泥滩。午餐时船在岸边搁浅了，周围全是天鹅等鸟类，看着就像史前怪物似的。在去往河口的时候，我们大部分时间都在推船和等待，船底在泥地上犁来犁去，直至潮水升起，将船托离水底。我只管睡觉、喝水、上厕所，看着除我以外的每一个人都在努力干活，心里乐不可支。在以往的沙漠之旅中，都是我负责所有工作，操所有的心。为了组织那些旅行，我心里一直绷得紧紧的，我不禁好奇，我的客人是否也曾体验过我昨天所感受到的那份轻松和快乐。

在顺流而下的时候，我们途经巨石阵，发觉等我们返回时，恰逢一年里白昼最长的一天[1]。你知道我在说什么吧，那一天，阳光会照耀在德鲁伊的祭坛上，他们会举行仪式祭拜恶魔。于是，我们便在埃姆斯伯里的一家小酒馆里过夜。酒馆离主路太近了，来自伦敦的那些祭拜恶魔的家伙跨着动力澎湃的"魔法扫帚"，从路上呼啸而过，那声音越听越觉得凶神恶煞，真是刺激。在黎明前淡蓝色的天光里——

---

[1] 每逢夏至日，巨石阵便会迎来一年一度的盛会，各地的人们会聚集在这里迎接日出。当天，初升的太阳会与巨石阵的主轴在同一条直线上。在英国的原生宗教德鲁伊教中，巨石阵与夏至日都有着举足轻重的地位。

有点潮湿——有几千人正在等待。他们腼腆地裹在羽毛被里，头戴护目镜，脚蹬短马靴，身穿貂皮衣。而我则穿着圣地外套，幸灾乐祸地旁观。许多人看起来就像专门以此为业的恶魔教众。有受雇而来的人和骑马赶来的女巫。还有一位英俊的巫师，他是梅林的后代，身穿整套的皮衣，顶着一头长长的白发，面颊上还留着浅浅的胡茬（难以置信，这是个女人！）。这天没看见日出，民俗学家们大失所望，转身到车里躲雨，任披肩在污泥里拖曳着。在口琴的伴奏声中，20位开朗的年轻人围成圆圈之类的形状，跳起了古老的英国民间舞蹈，仿佛在这近乎雨夹雪的冻雨中，旋转、舞动是再自然不过的了。

至于我嘛，在一家精致的咖啡馆里，我终于吃上了早餐。这家咖啡馆名叫"多利·弗农"，出于交通方面的考虑而早早离开伦敦的卡车司机全在这里。这座乡间小屋四周是全英国最大的卡车，咖啡馆里的顾客尽是铁打的硬汉。从包裹的形状来看，有些卡车上装载着独角兽，还有射击摊位。有辆卡车后面还挂着拖车，几乎可以肯定，车上装的是尼斯湖水怪露出水面的上半部分，这部分已经被拆解成了各个零件，准备运到南岸再进行拼装。

在我隔壁的花园里，每棵玫瑰树上都摆放着丝质黑雨伞，这种做法对我很有启发。我应该给社区贡献一只翠绿色的活猫，30只手绘蜗牛，外加一对尾巴上绑着哨子的中国鸽子。我已经朝牧师邻居那只被阉割的安哥拉猫扔过几团口香糖了，我还打算在同一天里干出其他有违英式人道主义精神的事情。这样一来，动物保护协会就只能找我一次麻烦。

虽然这些理想中的社会形态值得被反复尝试，但我仍不太相信所谓的"联邦联盟"（这场运动的基础是成立"大西洋联邦联盟"的提议，其目的是对抗独裁、防止战争。关于这场运动，伯纳德曾经撰写过热情洋溢的文章，在美国和英国都吸引了一批追随者）。对于子孙后代的未来，你似乎有种崇高的责任感与冲动。这场运动的开端非常不光彩，大家只是在战争的威胁以及两名歹徒（希特勒和墨索里尼）的恫吓之下一味逃避。我觉得，成为失败事业的捍卫者，或是成为"和平爱好者"这个奇怪教派的常任秘书，对你来说并非明智之举。

不过，如果你纵身一跃，无论是沉落还是游走，你都是自愿踏入那片泥沼的，而非被迫卷入伪善与卑劣交织而成的蜘蛛网。我这话算是诋毁，会听得人泄气，没准我抨击得太狠了。但我感觉，你是在从朱丽叶的阳台上眺望，而你的朱丽叶是个水性杨花的轻佻女子，她既不喜欢与你牵手，也不喜欢与你一同欣赏风景。

你要明白，亲爱的，我不想做任何"纯粹为了爱"而做的事，因为无论在什么事上，我都靠不住。实际上，我打算当个完全不负责任的人。

关于选择这份工作的原因，还有其地点和内容，再跟我多说说。如果我能够洞悉其中的奥秘，我会选择成为反对者或电话接线员，兴许我应该当个让疲惫的政客感到绝望的人？

你的李

李和罗兰之所以要前往希腊和罗马尼亚的偏远地区旅行，部分原因是他们希望赶在无情的汽车和所谓的文明洪流之前，能够亲眼见证另一种生活方式，并将其记录下来。此时，出于类似的原因，在战争阴云的催动下，他们也希望最后见一见欧洲的朋友。他们带着罗兰的福特V8汽车渡过海峡，然后驱车一路南下，和马克斯·恩斯特及莉奥诺拉·卡林顿一起盘桓了数日，住在其位于圣马丁-阿尔代什的旧农舍里。为了抵御即将来临的灾难，马克斯用辟邪用的怪物雕塑把墙壁装饰了一番，但这样无济于事。短短几周后，他便被带到了关押外国敌人的俘虏收容所。莉奥诺拉则承受了可怕的痛苦，一度被关进疯人院，后来经西班牙逃到了墨西哥。

罗兰和李在法国昂蒂布遇见了毕加索和朵拉·玛尔，在海滩和咖啡馆享受了几天。紧接着，战争来了。希特勒入侵了波兰，即便是最坚定的享乐主义者，面对这样的现实也会停下来思考一番。李面前摆着许多选择，最容易想到的就是返回美国，但她决定与罗兰一起去英国。他们在乡间小路穿行，经过一座座村庄。村里的教堂敲响了警钟，农民们牵着马匹赶往征召营地，堵住了道路。

到了圣马洛，他们不得不把车交给汽车协会，搭乘渡轮前往南安普敦，然后再乘坐火车，在空袭警报的呼啸声中抵达伦敦。罗兰的家位于汉普斯特德的唐郡山上，宅子上方飘浮着防空气球。在等待他们的信件中，有一封措辞严厉的信件格外引人注目，那是由美国大使馆寄来的。信中指示，除非李登上最近一艘去往美国的轮船，否则大使馆将不再对她的人身安全负责。李把这封信撕得粉碎，她心中笃定，下一场冒险必然精彩无比，不容错过。

第六章

《残酷的荣耀》:
战时伦敦
1939
——
1944

李没怎么浪费时间就进入了《时尚》杂志的工作室，毛遂自荐去担任摄影师。起初，她在那里遭到了冷遇。她已经有五年时间未有专业的作品问世，加之当时《时尚》的工作室由知名摄影师塞西尔·比顿等人领导，人手十分充足。对方的回绝反倒激起了李的斗志，让她越发坚持不懈，她日复一日地在现场露面，无偿工作，想尽各种办法表现出自己的价值。那里的正式员工难免对她心生嫌恶，但她仍然与其中大多数人结下了友谊，尤其是工作室的主管西尔维娅·雷丁。到了1940年1月，工作室有员工离职去参军，便空出了一个职位。《时尚》的主编哈里·约克斯尔替她向内政部申请了工作许可证，但她未接受以周薪八英镑的待遇成为正式员工，而是宁愿继续以自由摄影师的身份工作。数周之后，从纽约发来了这样一封电报，字里行间流露出了些许的傲慢：

西联公司电报
《时尚》杂志李·米勒收
伦敦新邦德街1号

很高兴你想加入我们的队伍，不要再卖弄聪明。基本的品位、敏感性、艺术价值必将使你成为优秀的摄影师。不要再给评论家寄试拍的照片。

纳仕

第一年，李接到的委托都很普通。她偶尔要给社会名流拍肖像照，或者给雷克斯·哈里森和迈克尔·雷德格雷夫两人的妻子拍照——她们因其出众的穿衣风格而被选中。不过，更常见的工作还是给手提包、配饰等拍摄名为"本月之选"的单调系列照，以配合广告推销。时装则仅限于不那么亮丽的品类，比如孕妇装和童装。这项工作要求的是本分而非创造力，而罗兰·豪普特的存在使这项工作没有那么折磨人。他是一位印度裔英国人，经常被比顿轻视，起初是作为暗房的技术人员——所谓"令显影液屈从的人"——加入《时尚》杂志的。他后来成了一名富有天赋的摄影印刷工，李特别欣赏这门技艺。他由于罹患某种白血病而免于征召入伍。李乐于培养他，经常把自己不想干的乏味的研究工作丢给他。等到她去欧洲的时候，豪普特已经开始拍摄时尚作品了。最终，他凭借自身努力当上了摄影师，并从《图画邮报》那里争取到了一些工作。

战时，英国版《时尚》呈现出一种与当时的战火毫不协调的感觉，杂志中很少提及战争，纸页上那些养尊处优、衣着光鲜的女士与恐怖的空袭仿佛相距十万八千里。1940 年 10 月，《时尚》杂志办公室遭到毁坏，这件事在杂志上似乎也不值一提。或许是因为工作人员有着英式的沉着做派，绝不允许杂志停刊。直至《时尚》的制版房在轰炸中被彻底摧毁，人们无法再对此视而不见，李便受命去拍摄废墟的照片。

在定量配给制下，出版商们按 1938 年的使用量占比分得了一定的纸张配额。这个配额会依据可用的纸张量进行调整,并一度低至18%,结果导致杂志上的文章遭到了大幅的删减和编辑。彼时《时尚》是通过订阅方式销售的,所以在接下来的八年中,这本刊物一直未在报摊上出售过。《时尚》的发行部门有一份替补名单,替补者拿到这本杂志的唯一机会就是顶替某位死去的订阅者的空缺。

唐郡山的生活很适合李。宅子里住着很舒服,年长的苏格兰管家安妮·克莱门茨将一切打理得井井有条,对于来来往往的客人,她的忍耐力令人惊叹。李一直对历史感兴趣,尤其着迷于关于中世纪围城战的书籍。在战争初期,当需要为不可避免的物资短缺做准备时,李很清楚该怎么做。她避开了买糖和面粉的队伍,径直奔向福特南和梅森公司的调料品柜台。无论人们如何劝说,她都不相信那个装满异国香料的大篮子仅仅是用于展示的。她把经理叫来,恳请经理把篮子完完整整地卖给自己。她解释道:"在所有的大规模围城战中,守军都要吃老鼠,万一哪天我也得吃老鼠,那也必须做得香喷喷的!"从此以后,唐郡山的一切食物都用上了品质上佳的香料。安妮·克莱门茨按照传统方式烹制的清蒸黑线鳕的味道也变了。

罗兰·彭罗斯不仅肩负着军事伪装学讲师的责任,同时还是防空队队员。在德国刚开始轰炸英国的某天夜里,李与他一起出门巡视。那一晚月光皎洁,夜色甚美,而码头那边却正在遭受轰炸,看得人心惊胆战。从汉普斯特德望去,交错的探照灯光、猛烈的防空炮火,以及枪炮射击的微光,构成了一幅骇人的图景。枪声、飞机声此起彼伏,能把人震得头骨碎裂,更增添了这一幕的恐怖。有那么一刻,战况尤为惨烈,他们周围是枪林弹雨的轰鸣,李却拽住罗兰的手臂,让他转过身来,面向自己。她眼中闪烁着陶醉的光芒,喘着粗气问他:"噢,亲爱的,你不觉得兴奋吗?"

罗兰并不像她那么激动。他在宅子前的花园挖了一个小小的防空洞，内部以粉色和蓝色作为装饰色。大概是为了伪装，从外面看，这防空洞看着像一座小坟，进入时要先穿过洞口，再沿着狭窄的木台阶往下走。虽然作为避难所的功效值得怀疑，但它给人一种心理上的平静。空袭期间，李、罗兰和碰巧留在这座宅子的人都会一起挤进这个防空洞。大家根本睡不着觉，所以他们就没完没了地玩纸牌，中间还穿插着拼字游戏和让李百试不爽的填字游戏。有一回，轰炸特别猛烈，李养的猫咪"出租车"（之所以叫这个名字，是因为每次停电时不管人怎么呼唤，这只猫都不搭理）从半开的洞门猛冲进来。这只可怜的家伙跳到牌桌上，吓得浑身僵硬，后背拱起，长毛的尾巴活像一支瓶刷。追赶它的家伙紧随而至，站在最上一级台阶上，被爆炸的闪光照亮——原来不过是一只小老鼠。

唐郡山最初的访客之一，是与罗兰分居的妻子瓦伦丁，她是一位超现实主义诗人兼作家，原本打算从喜马拉雅山返回住在法国加斯科涅的父母身边，但由于战争而被困在了伦敦。罗兰并没有掩饰自己与李的关系，所以瓦伦丁有点担心跟李相见。三人约在宅子附近一家名叫"共济会武装"的酒馆里见面。因为罗兰有事耽搁，李便自行前往，她凭借肖像照认出了瓦伦丁，并主动与之攀谈。等罗兰赶到时：

> 瓦伦丁一跃而起，她很高兴我终于来了，因为她听说李·米勒随时都可能来，而她当然不想与此人见面。"可是，"我大声说，"跟你聊天的人就是李啊。"听见这话，瓦伦丁不由惊呼道："噢！她这个人可真好！"假如事先刻意安排，这样对大家都有利的意外就不可能在如此坦诚的气氛中发生。从此以后，她们二人结下了长久而亲密的友谊，这令我既吃惊又欣慰。[1]

实际上，这段友谊远不如罗兰想象中那样美好。他深爱着这两个女人，他从未想过她们俩并没有彼此相亲相爱的道理。李与瓦伦丁之间的关系更像是休战，而非真正的友谊。李对瓦伦丁始终保持着体谅，后者对她也报之以疏离的礼貌。

瓦伦丁居住的酒店遭受了轰炸，李坚持要她搬到唐郡山的宅子里来，住进顶层闲置的空房。在轰炸最猛烈的时期，她一直住在那里，泰然自若地写着超现实主义诗歌。一年多后，她才离开，加入自由法国军队，成为一名三等兵，并在阿尔及尔服役。

一天夜里，李和家里的另一名客人——记者凯瑟琳·麦科尔根待在家中。她们喝得醺醺然，然后上床睡觉，却被屋顶上传来的摩擦声吵醒。李猛地掀开遮光帘，想看看是怎么回事。她在一片漆黑中凝视前方，却忽然意识到眼前的黑暗并非虚无，而是可以触摸到的实体。这个柔软的东西翻滚着进入了房间。超现实主义的梦境化作了现实——一个防空气球掉下来了，刚好压在房顶上，屋脊两侧各落下一半。这天夜里，人人都来帮忙，帮助气球操作员收拾气球，将之弄到花园里。黎明时分，筋疲力尽的人们从前门鱼贯而出，抱着卷起来的气球，就像托着一条巨蟒。看见这古怪的一幕，左邻右舍并未感到惊讶。相比21号宅邸举办的狂野聚会和怪异活动，这样的事就显得稀松平常了。

罗兰·彭罗斯出身于一个严格的贵格会家庭，谨守礼仪是他们家最基本的社交风度。然而，看到李让自己的家发生的戏剧性变化，他却满心欢喜。无论空袭是否正在发生，也不管邻居如何抱怨，大部分晚上，来自社会各界的朋友仍会聚集在他们家里。随着战争继续，越来越多的李的美国同胞登门造访，比如摄影师戴维·E.谢尔曼。

我立即被派往饱受蹂躏的《生活》杂志伦敦办事处，很快便遇见了传说中的李·米勒。那年我才二十五岁，还是个心高气傲、自以为是的小伙子，我有幸接到罗兰的邀请，去他位于汉普斯特德的家中做客。宅子的墙壁上挂满了众多艺术家的作品，我原以为这些只是一流的摹本，有毕加索、布拉克、米罗、唐吉、德·基里科、布朗库希、贾科梅蒂、滕纳德、马克斯·恩斯特、勒内·马格里特的作品，还有十来幅作品出自罗兰本人。李耐心地向我解释道，这些并非摹本，而是真迹，不仅如此，这还仅仅是罗兰希望留在身边的一小部分作品而已，他的绝大部分藏品都被放在德文郡，安然无恙地躺在空袭范围之外。

这座宅子本身已令人难以置信，罗兰和李家里的定期聚会更是叫人惊叹，来往的宾客名单简直就像现代艺术界、新闻界、英国政界、音乐界甚至间谍网的名人录。只不过，其中的间谍是在数年以后才暴露身份的。共产党人、自由党人和保守党人挤在一起推杯换盏，这样的场面此后再未出现。2

为了调剂一系列枯燥的工作，李开始与两位美国同胞合著一本书——《残酷的荣耀：战火中的不列颠图集》（以下简称为《残酷的荣耀》）。该书的目标读者是美国公众，旨在展示德国的袭击给人们带来的痛苦。该书的编辑是欧内斯廷·卡特，序言则由美国广播员埃德·默罗撰写：

书中的影像展示了一个处于战争中的国家。这些都是真实的照片，我们当中有些人曾报道过英国在战火和爆炸中遭受的严峻考验，对我们而言，这些场景司空见惯。凭借脆弱的古老建筑，凭借血肉之躯和无畏勇气，这些英国人为自己争来了生存的机会。通过这本小书，读者得以一窥他们的战斗情形。不管采用了怎样的办法，他们总能在夜晚战胜自己的恐惧，在清晨到来时如常出门上班。

书中收录的都是依靠上佳的鉴别力挑选出来的照片。我本来打算给大家瞧瞧考文垂那些白骨外露的坟茔——破碎的尸体被温柔的双手从家中的地下室抬出，其上覆着棕色尘埃，看上去就像被乖戾的孩子随手丢弃的布娃娃。但在这本书里，读者可以免于看到今日英国更加令人毛骨悚然的生死景象。[3]

出版商在注释中写道："李·米勒女士的照片都是专为本书拍摄的。"然而实际上，是先有了这些照片，然后才有了创作这本书的灵感。这是李最有创造力的时期之一，从20世纪30年代初开始，她在巴黎和纽约都没有拍过如此具有洞察力的照片。她凭借着超现实主义的诗意目光，在每张照片中都捕捉到了可以从多个层次加以阐释的主题。有一张题为《雷明顿万籁无声》的照片，表面上或许展现的是一台受损的打字机，而在潜意识层面，这台被砸烂的机器敲出了一篇雄文，讲述战争对文化的破坏。最简单的镜头往往也最传神，这些照片所反映的真相是用其余任何方式都无法表达的。在这些影像中，埋藏着熊熊燃烧的怒火。然而，在李朝着魔鬼呐喊的同时，影像中也隐藏着风趣的才思。在她拍摄的照片里，砖块从受损的新教教堂门口滚出；头戴帽子的人体模型浑身赤裸，正要在空旷的街道上拦下出租车；两只趾高气扬的鹅从一颗硕大的银蛋（一个防空气球）前招摇而过。如果《残酷的荣耀》这本书未曾出版，难以想象其中的某些照片要如何才能进入公众视野，因为其中蕴含的风格远远超前于那个时代。该书赢得了广泛的赞誉，并由斯克里布纳出版社在纽约同步推出了精装版。大西洋两岸的媒体都刊发了热烈评论。尤其是书中一张题为《对文化复仇》的照片更是引起了全世界媒体的注意，在照片中，倒地的美人被一根铁棒敲断了喉咙，其胸脯被砖头砸得青一块紫一块。这张照片被转载过无数次，甚至还出现在一家阿拉伯语报纸的头版位置上。

李常常对她摄影作品的配文不满。她觉得，某些撰稿人纯属胡言乱语，令人腻烦，降低了照片本身的冲击力，且有损她所追求的坦诚、易懂的特质。最糟糕的是，这些文字缺乏亲近感，也做不到行文流畅，读起来十分吃力。她有一种天赋，能一目十行地浏览完一本书或者一篇文章，看似一副未曾留意的样子，随后就能坚定地对其中的内容发表议论，这常令她的朋友愤然。她可以把事实、数字和观点分门别类地收藏进自己的记忆里，在必要时又立即从记忆中调取出来，精准地切入争论的核心。她最喜爱的作家包括斯坦贝克、海明威和詹姆斯·乔伊斯，她阅读的内容无所不包，甚至还有低俗的惊险故事。她所追求的，是既能清晰地传达信息，又兼具独到眼光与丰富的想象力的表达方式。

李的书信始终有一种直白的叙述风格，她最早的文章就是书信体。以下内容摘自她写给父母的一封信：

> 圣诞节前，我们获得了空袭期间最美妙的战争间歇。获此良机，我们终于可以重新活得像点人样儿，而不仅仅是吊在悬崖边缘挣扎。我们既紧张、疲惫，又沮丧、担忧。我或许已经给你们写过一封信，充分描述了当时的情形。某种迷信思想或是徒劳的感觉总会阻止我，就仿佛等你们收到信的时候，我已经遭遇了变故，或者信上所写的内容已经不再符合真实情况。我当时试着写下的那几封信或寥寥数语都是无可救药的错误，仅仅反映了冷漠、愤怒、一闪即逝的恐惧，以及

强装出来的勇敢，或者往往只是醉酒后的多愁善感。

在9月初那几日，我们感觉就像软壳蟹一样脆弱。我们还没来得及重新启用防空气球，大家便因为在白天的大型空战中获胜而欢欣鼓舞。这件事固然振奋人心，但其作用比较有限，因为我们一个个都陷入了巨大的压力中，三个月的夜晚都过得如同在地狱一般紧张。白天又要操心通过某条疯狂的路线赶去工作，清点在场人数，看是否每个人都活了下来。工作仍在继续，这成了一件值得自豪的事，工作室连一天也没歇业过——它被炸弹炸过一回，被子弹击中过两回。隔壁燃烧的建筑还在冒烟，而我们却在工作。湿漉漉的焦木散发出难闻的气味，还有爆炸后的臭味。消防水管还在楼梯上，为了进屋，我们只好光着脚涉水而行。小餐馆拿便携式煤油炉来做饭。我们不得不拎着水桶去冲厕所。谁只要碰巧凑齐了燃气、电和水，就可以把照片和负片带回家去，好在夜里赶工。实际上，我们睡在厨房走廊的地板上，有时还会有十多个朋友躺在这里。他们有的是因为公寓被炸毁，有的是为了躲避定时炸弹，还有的仅仅是因为觉得汉普斯特德更安全。

过了许久，她又在写给埃里克和玛菲的一封信中追忆道：

我永远也忘不了那个了不起的埃德娜·蔡斯（美国版《时尚》编辑）。她不仅是我的前辈，更是我的女神，是品位、谨慎与优雅的典范。在轰炸期间，她给我们寄来了一份简报，说她注意到我们没有戴帽子，而且她也不赞成我们在腿上染色，在腿后面划线，以此来冒充长筒袜。在英国根本找不到尼龙袜，直到美军带来了一些，当作奢侈的礼物。那天，我碰巧在办公室里值班，虽然回老板的信根本不是我分内的事，但我还是以我本人的名义发了电报，我写道："我们没有配给券了，也没有长筒袜。"过了一周，他们就给每位员工寄来了三双长筒袜。

1941年至1942年冬，有大量美国人涌入英国：

> 李眼看着自己恼人的同胞们带来了大量好东西：香烟、威士忌、面巾纸，还有罐头之类堪称美味的食物。饱受战争侵扰的英国人已经有好久没见过这样的东西了。她刚认识了一些美国记者朋友，他们已经与美国军队签约，当上了战地记者。他们在萨维尔街购买簇新的制服，在美国陆军邮政交易所购物，这家机构足以让未来的超市相形见绌。他们还在大张旗鼓地准备，显然是要重新打回欧洲大陆。李察觉到了两种现象，一是别人有充足的面巾纸，而自己却没有；二是自己可能会被排除在十年内最重大的新闻事件之外。这快把可怜的李·米勒逼疯了。后来我们有人向她建议：既然她是如假包换的波基普西市出身的美国人，那她也可以向美军申请成为战地记者，获得相应资质。20年来她一直侨居异乡，从未想过还能以美国人的身份去这样做。[4]

尽管人们对于允许女性从事某些原本由男性主导的工作存在严重偏见，李的申请最终还是获得了批准。她仍需完成工作室的日常工作，不过现在除了舒洁牌和骆驼牌的产品之外，她还获得了一展身手的余地和动力，可以去寻觅属于自己的故事。战地记者的资格就像一把具有魔力的钥匙，为她开启了通向禁地的入口，那里是激动人心的事件发生的地方。身为摄影记者，她讲述的第一个故事与美国陆军的护士有关，她以感激的态度不辞辛苦地报道了护士对自身职责的种种感受。后来，她又与戴维·E.谢尔曼携手，她发现，他们两人在工作中可以互相帮助。戴维陪她一起去苏格兰，协助她拍摄了英国皇家海军女子服务队参加训练和航行的照片，这些照片被刊登在《时尚》杂志上，占据了四页篇幅，并由莱斯莉·布兰奇配文。后来，这些照片又由霍利斯与卡特出版社结集出版，书名为《镜头下的英国皇家海军女子服务队》，该书问世后大获成功。

下一个故事由李和戴维共同报道，这篇专题报道展现了伦敦北部一支由辅助本土服务部队的女兵组成的探照灯小队的风采。李和戴维用一面镜子改变了探照灯光束中少量光线的照射方向，使其照在那些女兵身上。就在这时，警报声忽然响起，李和戴维收获了远超预期的紧张场面。这队女兵接到命令，而敌军的炮火掠过了她们的阵地。英国版和美国版的《时尚》都以对开版面刊载了这篇文章，给人留下了深刻的印象。探照灯的光束沿对角线斜穿而过，划破了漆黑的背景，夜色中的小队成员成了黑色背景上的点缀。李很喜欢亚历克斯·克罗尔的版式设计，但她对英国版《时尚》杂志的编辑奥德丽·威瑟斯有所不满：

> 看到纽约《时尚》杂志上的"夜生活"这一专题，我心想，我本可免于遭受默默无闻之苦。毕竟，是我想出了这个创意，是我熬了一个月的通宵来干这件工作，是我在伦敦领到微薄的补助却没有撂挑子。如果纽约办公室能知悉他们这个小小的战地记者完成了一篇战争报道，如果他们愿意再分配几项类似的工作任务的话，我会感激不尽的。

李和戴维费尽艰辛地撰写了一篇长长的专题报道，记录了亨利·摩尔以战争艺术家的身份开展创作的场景，地点是伦敦的地下防空洞和他位于赫特福德郡马奇哈德姆的工作室。《时尚》对待这篇报道的方式也让他们大为光火。当时，双城电影公司在制作一部名为《混乱之果》的电影。这部电影由吉尔·克雷吉执导，讲述了斯坦利·斯潘塞、格雷厄姆·萨瑟兰和保罗·纳什等艺术家在战时的创作经历。李也对他们进行了拍摄。这些照片被分配的版面过小，刊登时间也过晚，而且搭配的还是些无意义的文字。在写给奥德丽·威瑟斯的同一封信中，李继续怒不可遏地写道："……这玩意儿值不值得我耗费五个工作日？更不必说还要出差，要忍受不适和物质上的匮乏，要承担我不在伦敦时由黑帮替工的风险。而且，我拍摄的照片在没有我署名的情况下就被发给了镌版工，而最后登出来的竟是 X 女士（莱斯莉·布兰奇）的电影报道？假如这真是以团队形式开展的工作，那我会全力支持，但如果需要我个人来承担这些后果的话，那就免谈吧。"

李担心在自己离岗期间，会有"黑帮"代替自己工作，这样的想法大概并没有事实依据。实际上，所有的工作任务都是由奥德丽·威瑟斯认真管理的。更何况，要完成所有的工作，摄影师人数也只是恰好够用而已。团队的首席摄影师是诺曼·帕金森，他不至于构成任何威胁，因为他的心思一部分用在工作上，另一部分则花在他位于科茨沃尔德的小农场上。

而塞西尔·比顿就是另一回事了。李对此人深恶痛绝，他不仅骄傲自大、技术能力差，还大肆炫耀自己的反犹情绪，令人难以忍受。一天晚上，李喝了许多威士忌，酒精把她的怒火点得更旺了，一怒之下，她便做了一尊比顿的蜡像，往蜡像上扎了许多大头针。次日，有消息传来，一架"达科塔"运输机在兰兹角起飞时坠毁，比顿就在这架飞机上。报道说，机上人员无一生还。李懊悔莫及，抽泣着说，自己只是想让他受点小伤，并不想要他的命。几周之后，看到他毫发无伤地出现，李感到非常庆幸。

《时尚》杂志的其他同事与李结下了持续终生的友谊，奥德丽·威瑟斯也不例外。李尤其喜爱主编蒂米·奥布赖恩。她俩初次见面时，《生活》杂志的埃利奥特·伊莱索丰和美国中士吉米·杜根给蒂米灌了迷魂汤，哄得她允许他们在她公寓里开派对，因为他们被赶出了萨沃伊酒店。这场派对的目的是庆祝一根巨大的猪肝香肠获得了"解放"。那是伊莱索丰在前往芬兰执行任务期间偷走的。在这套小得跟马厩差不多的公寓里，挤进了许多宾客，李和罗兰也在其中，这次派对大获成功。大部分人都喝得酩酊大醉，李的酒量高于常人，但她最终不见了踪影。蒂米发现身体不适的她躲在楼下的小洗手间里，便立刻给她端了一杯饮料。"我挺喜欢你，"李在地板上找了个舒服的姿势，用这句经过仔细考虑的话来表示称赞，"多数人都会给我端咖啡来，你却跟他们不一样！"次日早晨，猪肝香肠给身体带来的伤害比宿醉还要严重。因为经历了迢迢旅途，它的破坏力比原先还要厉害一点儿，凡是吃过的人都出现了短暂却剧烈的腹泻症状。

《生活》杂志的页面上那些写实、大胆的照片给摄影师带来了强烈的刺激，让他们脱离了之前在工作室里的摄影方式。新的摄影工具出现了，即罗莱弗莱克斯相机和35毫米的徕卡相机等小型相机，它们让人摆脱了沉甸甸的摄影棚相机。由于镜头速度加快和感光度提高，移动摄影变得更轻松了。最后，由于缺少足够多的摄影棚，时尚摄影终于走向了街头，李和托尼·弗里塞尔成了引领这阵风潮的人。

1941年春，《时尚》杂志的封面照中突然出现了平凡的世俗背景，照片中的服装被置于真实的环境下。在现今的时尚摄影中，几乎所有的影像组合都是司空见惯的，尚待开发的领域所剩无几。因此，如今的人们很容易忽略从工作室拍摄转变为外景拍摄所带来的重大突破。此时，李对伦敦各处已经非常熟悉，足以挑选出理想的外景拍摄地点。她以同样的技巧，将火车站、阿尔伯特大厅、环境优美的街道、朋友家的花园等作为背景，还多次利用过唐郡山 21 号室内外的空间。罗兰收藏的画作为她的照片平添了一种意想不到的氛围。这些照片成为极佳的折中方案，既写实又随性，同时很好地烘托了时尚潮流，充满新风尚带来的刺激感。

在美国，迫使摄影方式发生变革的大环境倒不像英国这样紧迫。然而，康泰·纳仕虽然终其一生倡导的都是摄影棚摄影，却也察觉到一种趋势已经来临。李给他寄去了自己最近一些作品的样品，随后他给李写了封信，这也是他一生中最后写的几封信之一，信上的日期是 1942 年 8 月 17 日，距他逝世还有一个月的时间。信中写道："现在的照片生动多了，背景也更有趣了。光线更有戏剧性，也更真实。你利用更显自然的室外快照，成功地解决了在摄影棚的条件下某些最致命的问题。"[5]

及至 1944 年，李已经获得了大量摄影工作，在每月的《时尚》杂志上，有五六篇特别报道用的都是她拍摄的照片。其中多数是精致的时尚摄影，拍摄对象有玛戈·方廷、音乐厅明星希德·菲尔德、詹姆斯·梅森、罗伯特·牛顿、鲍勃·霍普、阿道夫·门吉欧、女演员弗朗索瓦丝·罗赛等。还有像汉弗莱·詹宁斯这样的老友，拍的是他在伦敦码头上摄制电影《莉莉·马琳》的场景。然而，李远远没有感到满足。为衣冠楚楚的社会精英拍摄华衣美服的照片，提供给杂志社，这种矫揉造作的工作不断侵蚀着她。她想到，在巴黎有许多朋友每天都在冒着生命危险来支持抵抗运动，在这样的时期，时尚似乎纯属微不足道的小事。

此时，英国已经不再遭受密集的轰炸。显然，盟军即将反攻欧洲大陆，但无人能够确切预测反攻的时间。在轰炸期间，人们精神紧绷，有着明确的目标，而现在那段时光已成过去，反攻的筹备阶段仿佛一段真空的时间。为了填补这段空白，李又找到了另一种挑战：亲自为自己的照片撰写配文。李的第一部图文作品是以老朋友埃德·默罗为主角的。某天早晨，李去他家做客，想要在他的办公桌前给他拍照。李坚持要他做出真实的动作，便请他用打字机写点什么。以下是他敲出的文字：

> 李·米勒来了……她在给我拍照……这个场景完全是假的，我本来应该在办公室里工作，而不是耍这些把戏……不过，这至少给了我们一个机会，可以在早晨喝上一杯……这是南方古老的优秀传统……或许是爱尔兰的传统……因为在那个地方，人们把你叫醒的时候，会端来半杯爱尔兰威士忌……珍妮特（默罗夫人）可能会熨一熨她的黑色套装……我觉得她可能会穿那一身去用午餐……我希望今晚不用非得去看那张照片……李交了个男朋友……他们庆祝了一番……李说理论和实践之间是存在差异的……李来替我拍照的时候把电线也给整理了一番……得问问她，是不是把钳子带来了……这会儿，李和珍妮特在聊天……用不了多久，她们就会得出结论：谁才是她们最讨厌的人……李不喜欢摆阔的公子哥……她乐意看见他们全都扑上粉的样子……我还能看见李，但她还能看见我吗……哎呀……吟游诗人都在歌唱一位多年前的英国国王……摆在桌上的高尔夫球……威士忌下了肚，谁还能再提什么别的要求呢……我不知道李竟然懂厨艺……

李缠着奥德丽·威瑟斯把给照片配文的工作交给了她，随后她才发现，写作的过程远比她想象的更痛苦、更孤独。以下这段文字摘自她手稿的第二版，从中可见错误的开篇、偏离主题的话语，以及令人难以摆脱的

逻辑困境：

　　这里听说过埃德·默罗的人寥寥无几。我们听说过他的大名，也了解他，喜爱他，尊敬他。在我们群星灿烂的记者群体中，他是一位明星。他的言论经常被听短波广播的人们引用和提及，或是作为权威消息通过电报从纽约发送到本地媒体，而他其实居住在伦敦。

　　不知何故，他整合事物的方式似乎与他人有所不同。我不是说他会故作惊人或友善的结论，只是他在陈述事实时从来不会别有用心，也绝不会愚弄他人。因此，他所陈述的事实总是重点突出、确凿无疑、恰到好处。

　　他人的偏见或成见似乎根本不会干扰到他——实际上，他根本不在意这些想法。他从不担心引用那些老生常谈，他会亲自前往某个空军基地，以自己的话语描绘那里的场景，哪怕他明知刚刚有人做过同样的事。他这样做，只是因为他此前未亲身体验过或表达过。他只用自己的话语，书写自己看到的、理解的、知晓的、经历的事情。他不刻意追求更华丽、更恰当的措辞，而是简单、直接地阐述正在发生的一切。这种做法之所以站得住脚，是因为每个人都是独一无二的。除了他自己，没有人能完全替代他的视角和表达。

　　他从来不会提高嗓门或高声大叫，也不会加快说话的速度。他不具备任何讲故事的技巧，也不会像演员那样故作停顿或改变语速。在他的广播稿里，没有"声音渐强""渐弱""广板""拨奏曲"这样的标记。他仅仅是在诚实地书写自己真心想说的话，是他的真诚帮他赢得了大家的喜爱。

　　他提出，诠释伟人的演讲就像参与一场精心设计的寻宝游戏。例如，当他应邀对首相的某次演讲加以评论时，这就变成了一场充满巧思的寻宝之旅。不是随意选取一个或多个短语作为标题，而是要仔细挑选一个既包含背景信息又蕴含深层含义的短语。否则，读者如何能准确理解首相到底说了什么呢？我刚才编造了一个寻宝的故事——或许他并不赞同这样的解读。

顺便说一句，我对广播有足够的了解，知道应该什么时候把它关掉。这座可恶的建筑里藏着一个幽灵，真是让我火冒三丈。因为我每隔十分钟就要站起来看看是谁在我背后走来走去——这件事，连同写作，都被我列入了"再也不做"的清单。真是受过了待在这个办公室里。

默罗的报道中展现出的那些令李钦佩的品质，正是她自己所追求的，而她最终也确实实现了这一追求。她的终稿展现出了卓越的技巧，全文750字，文笔机智幽默，摒弃了那些稀奇古怪的想法，整体结构也经过了精心调整。流畅的行文精准地描绘了她所观察到的事实，字里行间流露出二人交流时的友好与真情。然而，在她随终稿附上的信件中，我们不难发现，在这篇技巧娴熟的文字背后，她的自信心其实脆弱得不堪一击：

亲爱的奥德丽：

这件事完全是大错特错。毕竟，在我生命中15年左右的时间里，我一直在学习如何拍照。你也知道，一张照片胜过千言万语。而我却在这里搬起石头砸自己的脚，模仿那些人——我一直假装认为已经过时的作家。

我之所以既惊讶又伤心，倒不是因为我发现写作本身其实是门技术——这一点我早已知晓——而是因为我当初居然那么天真和愚蠢，竟敢接下这样的任务。在清楚这么干并不明智的情况下，还鲁莽地向其发起了进攻。为了将埃德·默罗向我和盘托出（这实乃我之幸）的事实和想法组织成文，我只好在挫败感和极度的痛苦中煎熬了许多个小时。

我随信附上了我写成的文字和手头的其他笔记，现在我将它们全权交给你，由你仁慈地决定它们的命运。对于作家而言，将关于他人的访谈交给另一个人来整理，是一件令人不悦的事……但恐怕现在已无人能够再去采访埃德或珍妮特了……我已经给我们所有的消息来源造成了极大的困扰。即便他们再热衷于抛头露面……我已经占用了他们能够抽出的所有时间，给他们带去了诸多不便，再向他们提出任何要求都显得过分了。

爱你的李

在这一时期，对技术的迷恋促使李重新对彩色摄影产生了兴趣。这件事的契机来自色彩专家兼物理学家普兰斯科伊。1943年至1944年冬，普兰斯科伊到访伦敦，与李成了朋友。当时，彩色反转片的处理过程还处于早期阶段，而普兰斯科伊正是该领域的领军人物之一。他与柯达公司的关系让他可以使用近乎无限的胶片材料和化学用品，李厚着脸皮利用他的资源来提升自己的技术，同时将他的知识据为己有。

在多数时候，《时尚》杂志都会刊登一整版的彩色照片，这已成为李的常规拍摄任务。1944年6月刊更是选用了李拍摄的一张彩色照片作为封面。这张照片的模特姿势与灯光运用均严格遵循传统，毫无奇异之处。这种形式上的限制束缚了李充满想象力与创造力的思维，而正是这样的思维为《残酷的荣耀》一书注入了丰富的意蕴。仿佛是为了补偿她在摄影表达上受到的束缚，她作为作家的才华此时已准备就绪，正蓄势待发。

1937年，法国穆然。毕加索画的李·米勒肖像

约 1939 年，埃及。绿洲村（摄影者：李·米勒）

约 1936 年，埃及瓦迪纳特伦。叙利亚修道院圣母教堂的穹顶（摄影者：李·米勒）

1939年，埃及索哈杰。红色修道院被封死的门（摄影者：李·米勒）

《天然阴茎岩》，1939 年，埃及西部沙漠（摄影者：李 · 米勒）

《在路上》(车上的牛),1938年,罗马尼亚(摄影者:李·米勒)

1938 年，罗马尼亚戈尔日县波洛夫拉吉。墓地里的冷杉被当作墓碑（摄影者：李·米勒）

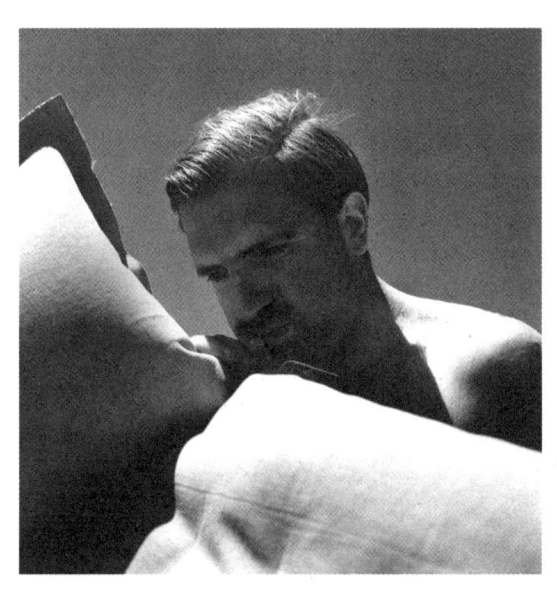

1938年，埃及红海附近。伯纳德·伯罗斯正在给充气床吹气（摄影者：李·米勒）

《无题》，1939年，埃及西瓦绿洲的亡灵山。腿的主人从左至右依次为玛菲·米勒、不详、乔治·霍伊宁根－许纳、罗兰·彭罗斯（摄影者：李·米勒）

1936年，埃及。满载物资的骆驼（摄影者：李·米勒）

1939 年，罗兰·彭罗斯在埃及（摄影者：李·米勒）

1942 年，汉普斯特德，唐郡山 21 号。罗兰·彭罗斯的第一任妻子瓦伦丁（摄影者：李·米勒）

1943 年，汉普斯特德。戴维·E. 谢尔曼、李和罗兰·彭罗斯（摄影者：戴维·E. 谢尔曼）

《蛋蛋的非凡成就》，1940年，伦敦。在《残酷的荣耀》一书中，该照片题为《下银蛋的鹅》（摄影者：李·米勒）

《雷明顿万籁无声》，1940年。出自《残酷的荣耀》（摄影者：李·米勒）

《对文化复仇》，1940年。出自《残酷的荣耀》（摄影者：李·米勒）

1943年，伦敦北部的辅助本土服务部队的探照灯小队。戴维·E.谢尔曼手持一面镜子，照亮了小队成员的脸。短短数分钟后，这支小队便被调走，并遭到了空袭（摄影者：李·米勒）

1943年的轰炸期间，亨利·摩尔在伦敦的霍尔本地铁站里画素描。由吉尔·克雷吉率领的电影《混乱之果》制作团队正在对他进行拍摄，影片展现了战争中艺术家开展创作的场景（摄影者：李·米勒）

1943年，伦敦。在《时尚》杂志的李（摄影者：戴维·E.谢尔曼）

第七章

亲历之战
1944—
1945

诺曼底登陆日到了又过去了。六周后，李于7月底乘坐一架"达科塔"运输机，前往位于诺曼底的美军野战医院。此行是为在一家医院工作的护士进行图片报道，那里是前线的伤员接受治疗的地方。五天后，李返回英国时，她已经对两家帐篷医院和一个临时伤员收容站完成了拍摄。除了大约35卷胶片之外，她还提交了将近万言的文章。在接下来的一年半时间里，正是这样的报道奠定了她在《时尚》杂志专题报道中的主导地位：

我随手拎了一只装满闪光灯泡和胶卷的包，吃力地爬上一辆指挥车，这辆车会把我们送到一家野战医院，那里与前线的距离约为六英里。那家野战医院是距前线最近的设备齐全的医疗单位。伤势极重的伤员会被送去那里，他们没法被运送到更远的转运医院。每个伤员都危在旦夕，救护车一旦载上一两个人就会立即驶向医院，不会等到满载才出发。伤员从术前准备帐篷、X光检查帐篷或化验室被转运到外科手术台上，悬挂在上方的血浆瓶犹如飘浮在静默而幽暗的军舰上空的气球。

在淡蓝的暮色中，炮火的闪光就像盛夏的闪电，隆隆的炮声不断回荡，紧张与压抑笼罩着一切。野战医院的节奏比转运医院的更为紧张。这里的医护人员要更疲惫，此外他们都心知肚明，一到夜间，血浆储备就将告急。

伤员的模样绝不同于"身披闪亮盔甲的骑士"，我眼前是一具具失去知觉的躯体，污秽满身，蓬头垢面。他们从前线的救护站被送到这里来，草草包扎的身体缠着止血带，固定伤处的悬带浸满鲜血。一些伤员已显得筋疲力尽、毫无生气。

那个医生长着一张与拉斐尔相似的面孔，倒置的大箱子上放了一副担架，他转身面向担架上的男人。血浆已经输进了男人伸出的左臂，他藏在污垢下的脸干瘪而苍白。这时，他被贯穿的手肘已经被悬带绑好了，呆钝的眼睛变得清明起来。他还保持着足够的知觉，当人们用绷带将他腿上的夹板固定到位时，他脸上随之浮现出了痛苦的表情。

《时尚》杂志的编辑惊讶不已。在9月刊上，杂志用两个跨页的篇幅登载了完整的报道和14张照片。在同一期杂志上，还刊发了李为平民拍摄的四组作品，其中包括玛戈·方廷绝美的肖像照。李的工作让英国版和美国版《时尚》都得以参与到战争中来，并在一定程度上驱散了工作人员内心因无意义的工作内容而产生的负罪感和挫败感。奥德丽·威瑟斯这样描述道："这是我在战时最激动人心的新闻经历。大家根本想不到我们能写出这种报道，这样的内容与我们光鲜的时尚版面是如此格格不入。"

某种东西释放了李身上的天赋，如今，她人生中此前所有的经历都被引导到了同一个方向上。她以前的疑病症也消散得无影无踪，事实证明，那根本就是她心中的不满足带来的产物。衣冠楚楚的外表和对美酒佳肴的高雅品位一起消失了。眼下，她穿的是皱巴巴的军装，吃的是限量供给的

K口粮[1]甚至更糟的食物。玩纸牌、聊闲天、拍照片、玩填字游戏、写信、海外旅行、对刺激永不餍足的渴望、社交中的反复无常、钢铁般坚定的决心以及与生俱来的激情，全都汇聚成了创造力的滚滚洪流。对李而言，此时她心里只有一个念头：重返战场。

李奋力穿越从伦敦而来的涌动的人潮，登上了美国海军的371号坦克登陆舰，在夜色中渡过海峡，前往法国。

她受美国陆军公共关系办公室的派遣，前往圣马洛，报道战斗结束后进驻的民政事务小组。该小组的任务是帮助当地居民恢复非军事状态的生活。到了海峡中间，舰队的航向从犹他海滩改为奥马哈海滩，以便能趁涨潮时登岸。一名水手将李抱上岸时，船员们在栏杆旁边列队欢呼。

她搭乘顺风车进入市区，才发现实际情况与官方信息截然相反，圣马洛的战斗还远未结束。德军指挥官冯·奥洛克上校相信，援军即将赶到，他们能把美国人重新赶回大海。他发誓他的驻军将誓死捍卫这座城市的要塞。要塞的防御工事坚不可摧，全部依山就势而建。在要塞的两翼还有几座较小的堡垒：塞赞波尔、格朗贝和圣塞尔旺。对即将发起进攻的美国陆军第83步兵师而言，这势必是一场血战。

李很快意识到，她是方圆数英里内唯一的记者，而她正在亲历一场战争。民政事务小组正忙于处理难民事务，已经不堪重负，他们在兵舍里给李腾出了一个角落，供她存放装备。以此为据点，她也参与到战斗之中。有时，她会把相机放到一边，帮助如潮水般涌来的情绪激动的负伤平民，以及被德军释放的战俘。

在战斗的紧急时刻，李来到了设置在一家酒店的蜜月套房里的瞭望

---

[1] K口粮是二战期间美军开发的一款野战口粮，一般包含罐装肉类、奶酪、饼干、巧克力等食品。

点。在为《时尚》撰写的一篇文章的初稿中,她描述了一次空袭:

……电话那头的少年说:"他们听见了飞机的声音。"我们等待着,然后听见飞机轰鸣声在空中逐渐变大。以前,在英国执行类似任务期间,我也听见过这种声音。这一回,它们带来了炸弹,要去袭击七百码[1]开外的那座低矮的岩石工事。它们准时赶到,轰炸后便离开。远方传来令人作呕的死亡的铿锵声,炸弹笔直地下坠,直插要塞,那是致命一击。有那么一瞬间,我能看清楚轰炸的位置和方式。紧接着,一切都被浓烟所吞噬。烟雾喷涌而出,膨胀、上升,状如蘑菇,形成巨柱——黑白相间的烟柱直冲云霄。我们的房子震颤起来,有什么东西冲着窗户飞了进来。更多炸弹轰然坠落,发出雷鸣般的巨响,闪光四射,如同喷发时的维苏威火山。浓烟滚滚而去,形成一道倾斜的轨迹。第三轮轰炸来了!这座小城在爆炸中天旋地转,城墙被轰出一个巨大的缺口。我们等待着下一次袭击的到来。

这是凝固汽油弹这种新型武器投入使用的最早战例之一。李拍摄的照片在《时尚》杂志接受处理时,英国审查员拿走了拍下凝固汽油弹袭击瞬间的胶卷,删除了所有可能泄密的画面。

接着是一场惨烈且徒劳的步兵突袭,他们沿着陡峭、暴露的岩壁向堡垒发起了进攻。

此时,我们所在的这栋楼和其余所有面向堡垒的建筑都遭到了猛

---

[1] 1 码约合 0.91 米。

烈轰击。砰！砰！弹片击打在我们的窗户上方，闯进了旁边的窗户，在下方的阳台上炸裂开来。一阵阵诡异而急促的声响此起彼伏。冲击波比枪声更快地抵达我们的耳边。这样的声音模式循环了成百上千轮，在我们所处的位置交织回荡。

尽头处的碉堡突然喷出机枪的枪弹。人们卧倒在地，连滚带爬，纷纷躲进了布满弹痕的掩体。有些人匍匐着继续前进，有些人则绕到机枪火力的左侧。突然，一名士兵爬到了最高处，他的轮廓在碉堡与堡垒之间的天空中格外醒目，宽阔的肩膀勾勒出黑色的剪影。他高举手臂，这是骑兵军官挥舞佩剑示意其他人前进的姿势。这一举动无异于向死神致意，他倒下了，手抵在堡垒上。

风景如画的圣马洛小镇曾经安然挺立于小小的海角，却在枪炮下化为一堆瓦砾。

高耸的烟囱孤寂地矗立在那里，原本与之相连的建筑垮塌了，残留的废墟在烟囱底下燃烧着，升起阵阵浓烟。遭了殃的猫儿孤零零地游荡着。一匹死马已经发胀，但仍然遮不住它背后那个死去的美国人。窗户还在，窗户后面的房间却没有了，窗台上摆着一个个花盆。地下室散发出恶臭，那是死亡和痛苦的气息，只见苍蝇和黄蜂进进出出。枪炮声中，又有更多石块掉下来，砸到街上。我躲进德国人挖掘的防空洞里，猫着腰蹲在土墙下。我的鞋跟踩到了一只属于死人的断手。在这个曾经风景怡人的小镇上，德国人突然造成了这般丑恶的破坏，我不禁在心里咒骂他们。我想起战前在这里认识的本地朋友，他们都在哪里？有多少人被迫堕落，干出了背信弃义之事？又有多少人被枪弹击中或者忍饥挨饿？我捡起那只断手，朝街对面扔去，然后沿着来时的路跑了回去。途中我的脚被擦伤了，我晃晃悠悠，扑通一下摔倒在石堆上，滑进了血泊中。上帝啊，这太可怕了。[1]

经过后续的一次次攻击、轰炸和夜以继日的炮击，冯·奥洛克上校担心盟军还会投下更多的凝固汽油弹，便向美国陆军第83步兵师的斯皮迪少校投降了。此时，李已经成了这支步兵师的非官方"吉祥物"。她被获准进入最前线，拍下了冯·奥洛克落魄的投降画面。她在报道的末尾这样写道：

> 记者们从法国西北部的雷恩远道而来，像闻到血腥味的秃鹫一样聚集在一起，等待着杀戮的场面。法国人已经在想方设法地重返家园。我并没有绕着碉堡兜圈，去看一看之前在上面挥手的那个男人。我没有急着爬到顶上去，也没有到先前那些士兵匍匐前行的地方去。我后来也没去那几个地方。美国国旗已经在碉堡顶上飘扬，这便足矣。这场战争将圣马洛和我都抛到了身后。

德军投降后不久，李便被美国陆军公共关系办公室的官员带走了。她因为违规擅入交战区，立即被软禁在了雷恩。这次处罚算是因祸得福。在拘留期间，最初的 24 小时她几乎是在不间断的沉睡中度过的。睡醒之后，她便振作起来，投身工作，在接下来的三天时间里，她一直在不停地打字。这篇洋洋洒洒的文章写了上万字，后来被刊登在 1944 年 10 月的《时尚》杂志上，并配发了大量照片。

等她做好再次行动的准备时，巴黎眼看将获得解放。美国陆军公共关系办公室的态度略微缓和了一点儿，她便趁机溜走了。她机智地周旋，一路搭便车，在巴黎解放的当天抵达了这座城市。人们涌上大街，欢呼雀跃，向路过的每一辆车挥手，争相亲吻每一个身穿盟军制服的人。盟军仍然在与负隅顽抗的德军激战，偶尔的交火虽然将附近的人群短暂地驱散了，却丝毫没有影响人们庆祝的热情。巴黎是世界时尚之都，而李也自然而然地将镜头从战场转向了时装。

> 大街上随处可见光彩夺目的美人，她们骑着自行车，偶尔攀上坦克的炮塔。体验过英国的紧缩政策和实用主义风格之后，她们的身影对我来说既奇异又迷人——随风飘荡的伞裙，纤细的腰身……美军士兵惊叹于这座城市里如海报美人般的姑娘，一度以为关于巴黎浪漫女郎的传闻是真的。但最终他们明白了，无论是循规蹈矩还是随性洒脱，无论是天真烂漫还是世故老成，女性都在刻意打造一种穿着和生活方式，以此嘲弄德军。那些身着灰色制服的德国女兵（被戏称为"灰老鼠"）总是笨拙而一本正经。如果德国或维希政府的代表都剪成了短发，她们就留长发；如果规定只准用三米布料，她们光是一条裙子就要费掉15米布。节省物资和劳动力就等于在帮助德军，因此她们认为挥霍而非节约才是自己应做的。[2]

李的当务之急是去探访旧友，她此行的第一站邻近奥德翁剧院，她在那里见到了画家克里斯蒂安·贝拉尔和芭蕾舞剧的乐队指挥鲍里斯·科奇诺。彼此拥抱一番之后，她和科奇诺一起去了毕加索的工作室。她与毕加索紧紧相拥在一起，毕加索宣称："这可是我见到的第一位盟军士兵！这个人竟然是你！"他说，跟七年前在昂蒂布用粉色和黄色颜料给她画的那幅肖像画相比,从军的经历已经令她判若两人,所以他必须重新给她画一幅肖像画。在隔壁的小酒馆里用午餐时,李把自己的 K 口粮也贡献出来了。他们吃了不少,还喝了许多葡萄酒和白兰地。毕加索迫不及待地想打听英国画家们的消息,以及那些与他失去联系的人。听说罗兰·彭罗斯竟然涉足了伪装类工作,他尤为忍俊不禁,他猜想,罗兰所做的伪装效果应该就跟马克斯兄弟的喜剧电影场景差不多。后来,李又见到了更多的人:

> 我找到了保罗·艾吕雅,他在一家书店的里屋打电话,他并没有留意走进那间阴暗、简陋的小屋的人是谁,便挥了挥手,示意我别出声。接着,他注意到了我身上的军装,身体有一丝僵硬。他已经有很长时间没跟"士兵"相处过了。我只是安静地站在那里,看着他发抖的手。由于一场气胸手术留下的后遗症,他抖得很厉害。我们彼此几乎无话可说,比如我是怎么找到他的这种傻话,或是今天天气如何之类的废话。幸亏鲍里斯·科奇诺尾随我进来了,这才让我们的见面恢复了正常。我们一起返回之前的住址,那里的门房矢口否认听说过艾吕雅夫妇或者公寓里的其余房客。努施也在那里,一个苍白、消瘦却带着大大笑容的努施,她的阿尔萨斯口音很有意思,她头发毛茸茸的,侧影美丽动人。原先的那个她已经所剩无几,她瘦成了皮包骨头,手肘比胳膊还粗,裙子底下的盆骨犹如一对突兀的尖峰。裙子穿在她身上显得松松垮垮,上衣遮盖不住贫病交加的迹象。唯一还保持原样的,就是她那灿烂的笑容和整齐的牙齿。我们谁也说不出什么有条理的话,一方面是因为情绪激动,另一方面是因为事实本身就难以理喻。[3]

数日之后,李又返回了毕加索的工作室,当时他正在淋浴。在等他出来时,她留意到窗台上的花盆里种了株西红柿,花开得颇为繁盛,结出了许多看上去挺美味的果实。墙边是13幅素描和绘画作品,主题正是西红柿。[4] 李忽然特别想吃新鲜水果,便忍不住随手摘下一颗吃掉了,然后,她一颗接一颗地吃啊吃,一直吃到只剩最后一颗。最后这颗西红柿长了霉菌,但她依然啃了一口。毕加索洗完澡出来的时候,她正在舔手指呢。这一幕看得他目瞪口呆。李回望着他,既惊恐又入迷地看着他的脸先是变得煞白,随即又飞快地涨成了紫红色。他愤怒地攥紧双拳,痛苦地转过脸去,过了一会儿才回过头来面对她。接着,他的怒火又像升起时那样迅疾地消散了,接着就是拥抱、亲吻和调皮地掐对方屁股的欢乐场面。

战争岁月早已终结了毕加索、路易·阿拉贡、保罗·艾吕雅和让·科克托之间的宿怨,如今,他们彼此合作,由毕加索为这些诗人的作品绘制插图。在巴黎解放前的数周,有几百名法国人加入了德国人的"反布尔什维克军团",正举着法国国旗列队游行,科克托因为拒绝向法国国旗行礼而被他们痛打了一顿,险些失明。李在罗沙家里见到了他,随后她在寄给奥德丽·威瑟斯的信中写道:

> 我们热烈相拥。尽管这两周我瘦了将近24磅,但作为一个身材高大的姑娘,我依然能轻松地将他抱起来。他的气色好得不得了,而且比我以为的样子更显年轻。比起五年前我离开巴黎的那一天,他已经不像当初那么神经质了,那种曾经是他鲜明特质的忧郁和哀愁也消失不见了……他觉得,身陷这样的困境之中,他只能写些戏剧之类的东西。不过他还是写出了一首新诗,名叫《莱昂内》,这首诗长达600节。

斯克里布酒店是盟军媒体机构的驻地，李立刻在那里的 412 号房安顿下来。落地窗外面有个小小的阳台，用来存放她那十来罐汽油再合适不过了，这些汽油对她眼下的生活来说至关重要。客房里的情形看着就像突击队的补给场。各式各样的武器和装备把衣柜和抽屉塞得满满当当，一箱箱 K 口粮和一瓶瓶皇家白兰地堆放在一起，而所有这些东西又被装着闪光灯泡的大纸箱压在底下。一大堆危险的照明设备乱糟糟地堆在角落里，显得很可笑，这些东西几乎都没法用了。随处可见成堆的战利品，蕾丝、皮革、纳粹徽章，还有印着德军军徽的银饰，其中大部分都毫无用处，不过在必要的时候也可以拿来换点别的东西，或者作为纪念品送给家乡的人。

大部分时间，浴室都被用作暗房，李在里面想方设法地让安斯柯反转片显影。可用的彩色负片虽然很多，但在战争的这个阶段派不上用场，因为审查人员不允许将其寄回商业冲印室进行冲洗。安斯柯胶片配有自助式冲洗工具包，方便使用者自己处理胶片，但这套设备使用起来速度太慢，也不可靠，效果并不理想。

在这片混乱之中摆着一张小桌子，李就是在这里用破旧的便携式爱马仕打字机撰写报道的。写作绝非易事。她得付出巨大的努力，才能集中思绪。她会先耗费数小时的时间去做所谓的"无用琐事"，且总能找到各种各样的活动来把自己的时间填满。仿佛交稿的最后期限越临近，工作之外的杂事就越紧迫。她会做爱，会流连在酒吧，直到喝得酩酊大醉。她争吵，睡觉，咒骂，发牢骚，哭泣——随便干什么都行，就是不动手写文章。

她还会耗费数小时的时间来创造出一些虚构人物，起的名字都运用了与英语和法语有关的双关语。某个家庭的两位主心骨分别叫马·福伊（Ma Foi，法语意为"我的天啊！"）和帕·德科伊（Pa Dequoi，法文意为"不用谢")。表兄弟尼基·特帕（Nicky Tepa，谐音为法语"ne quittez pas"，意为"请稍候"）是个电话接线员，女婿萨米·特加尔（Sammy Tegal，谐音为法语"ça m'est égal"，意为"我无所谓"）是个如假包换的懒汉，他们几个都是厨师哈里·科维尔（Harry Coverre，谐音为法语"haricot vert"，意为"青豆"）的好友。他们养了三只猫，猫老大叫普瑟·福特（Poussez Fort，法语意为"用力推"），它厚颜无耻地欺负可怜的卡特·伊尔迪（Cat Ildee，谐音为法语"qu'a-t-il dit"，意为"他说什么？"）和会唱歌的希腊猫——卡特·伊娜帕克西努［Cat Inapaxinou，借用了希腊女演员卡蒂娜·帕克西努（Katina Paxinou）的名字］，但它永远打不过家里的猎犬多古伊（Dogui，谐音为法语"d'orgueil"，意为"不可一世"）。不用说，必须再加几个苏联人。伊妮亚·帕斯德古伊（Ilnya Pasdequoi，法语意为"这里没有什么"）和伊妮亚·普鲁斯德特（Ilnya Plusdetout，法语意为"这里什么都没有了"）总是爱唱虚无主义的双簧，让浪漫过头的瓦基·帕塞斯·萨莫瓦尔（Vouki Passez-Samovar，这个名字取自流行歌曲里的一句法语歌词"你明明路过却看不见我"）备感失望。然后，还得再加上一个由知名记者组成的记者团，其中有《太阳报》的布朗、《泰晤士报》的比汉德、《旗帜晚报》的娄尔林，最后还有《亚特兰大宪法报》的德·比利特廷。[1]

这种拖延的习惯是一种自我鞭策，目的是令事情变得迫在眉睫，让随

---

[1] "《太阳报》的布朗"原文为"Brown from 'The Sun'"，Brown（棕色）+ Sun（太阳）= sunbrown（晒黑）。"《泰晤士报》的比汉德"原文为"Behind from 'The Times'"，Behind（落后）+ Times（时代）= behind the times（落伍、过时）。"《旗帜晚报》的娄尔林"原文为"Lowering of 'The Evening Standard'"，Lowering（降低）+ Standard（标准）= lowering the standard（降低标准）。"《亚特兰大宪法报》的德·比利特廷"原文为"De Bilitating of 'The Atlanta Constitution'"，Debilitating（使衰弱）+ Constitution（宪法/体质）= debilitating constitution（削弱宪法/体质）。

之而来的压力形成一种力量，来补充她决心的缺失。待到最后的最后，她就会像被胶水粘在座位上一样，坐在爱马仕打字机前，一边通宵达旦地不停工作，一边痛饮白兰地。她的写作看似毫不费力，文章如行云流水，让人完全看不出其背后的痛苦。她才思敏捷，这些报道语言诙谐，充满大胆而隐晦的意象，让人很难相信这样的文章竟然是自我折磨的产物。

在这种反复的痛苦过程中，始终坚定地支持李的人是戴维·E.谢尔曼。在圣马洛被收复时，李曾经短暂地与他见过一面，令她高兴的是，后来他出现在斯克里布酒店，并且搬进了她隔壁的客房。他们两人共同完成了许多工作，在李备感煎熬的那些时刻，是戴维时而安慰她，时而敦促她。若非爱情和热烈的同志友情将他们的心紧密相连，他绝对无法忍受这样的折磨。他打了个比喻：在李创作的过程中陪伴在她身边，不啻把自己的大脑慢慢塞进绞肉机里。这是李的特点之一，她有本事激发起某些人的爱心和奉献精神，当然也正是这些人被她折磨得最深。

在斯克里布酒店的生活如同一把双刃剑，其好处之一是德国陆军新闻团曾驻扎在这里，他们在酒店里安装了性能优异的通信设备。有几间客房里有最先进的电报设备，工程师没有浪费半点儿时间，立刻把这些设备的信号接收方从柏林改为了伦敦。李一直在给奥德丽·威瑟斯发电报，请她寄各种东西，如备用的制服、多余的鞋子、留在唐郡山的参考书，还有三箱丹碧丝卫生棉条。但李很快便发现，回电侵犯了她的独立性。《时尚》的编辑会给她发来一些指示，而他们的某些要求未必总合她的心意。她短暂地逃避了一阵，报道了在卢瓦尔河畔的博让西发生的事件，那里有两万德军向她在美国陆军第83步兵师的朋友投降。她还抢先报道了在路易·阿拉贡的公寓里举行的会议，莫里斯·舍瓦利耶在会上被免除了通敌的指控。然而，她无法回避主要任务：帮助米歇尔·德·布吕诺夫重振法国版《时尚》,并报道解放后一些重要时装设计师的首秀。

巴黎被占领期间,德·布吕诺夫勉强活了下来。他的儿子在解放前夕被纳粹逮捕,并遭枪杀。李在给奥德丽·威瑟斯的信中写道:

> 停战协定(1940年的《贡比涅停战协定》)签订后,德·布吕诺夫自愿关停了旗下所有的报纸。然而,敌占期间,在没有获得敌方帮助或允许的情况下,他仍然设法在巴黎出版了四本影像集。他的办法是在巴黎收集资料,在郊区制作印版,然后把这些印版装在手提箱里,拎着带到蒙特卡洛,在非敌占区印刷和发行,最后再使之流转到巴黎。这让那些德国佬气得跳脚。

李非常愿意帮助德·布吕诺夫,但她很讨厌以牺牲自己的作品为代价去收集和寄送他人的作品,尤其是在对他们的偏见不敢苟同的情况下。落到她肩上的责任包括处理约稿、寻找艺术家来绘图,以及把完整的作品寄回英国。要完成这项任务,她之前积攒的人脉可谓无价之宝,但凡有可能,她都尽量让伯纳德·布罗萨克和老朋友贝贝·贝拉尔绘制插图。正当她因这项工作忙得不可开交之际,她忽然发现,塞西尔·比顿已经来到了巴黎。比顿发觉自己错失了良机,便花言巧语地从《时尚》杂志争取到了一项任务。他如今在刚刚恢复运作的英国大使馆里工作,像个显贵似的在市里到处游荡。李简直怒不可遏,尤其是他还把她当勤杂工使唤。

做时尚报道的压力是巨大的。全世界都在拭目以待,既然已经摆脱了纳粹的压迫,那么现在,巴黎的时装设计师们又会交出怎样的作品。某些时装公司的领导身上还背着通敌叛国的嫌疑。还有一些人——比如索朗热,她的丈夫至今仍是纳粹的阶下囚——由于担心自己的亲人遭到报复,他们不敢表现得过于张扬。

1944年10月初的沙龙结束后,李在报道中写道:

时尚变得更简洁了,确实更简洁,但并不简单。巴黎依旧有点疯狂,人们那难以抑制的热情从装饰细节中流露而出,如大面积的红色和夸张的皮毛暖手筒设计。简明扼要地说,在见识过绝大部分时装作品之后,巴黎的《时尚》得出了结论:时装的廓形更为苗条,夹克和裙子的线条更为挺括,大衣减少了传统的喇叭形下摆和荷叶边装饰,腰线依然保持在自然位置,并呈现出贴身紧致的效果。还有一个值得注意的有趣现象:几家顶级时装公司在下午装和连衣裙的设计中都做了一种新的尝试,即去掉常规腰带,取而代之的是宽版、紧身的公主腰设计。

总结的内容有许多页,涵盖了时装的各个方面,最后如此收尾:

总而言之,备受钟爱的"睡美人"巴黎,正在从过去四年的梦魇般的沉睡中缓慢而坚定地苏醒。现在,她心中响起歌声,唇边带着微笑,开始不辞劳苦地纺纱,为辛勤工作的军界和商界女性编织起了魔法的斗篷。这些女性在为赢得这场战争不懈努力之余,可以在短短数小时的闲暇时刻暂时卸下重担,重拾那令人心醉的柔美的女性魅力。[5]

在极为艰苦的条件下,李依然为大部分时装系列完成了拍摄工作,而埃德娜·伍尔曼·蔡斯的反应令她震惊不已,这也在情理之中。奥德丽·威瑟斯在电报中是这样转述的:"埃德娜批评了时尚报道的快照,尤其是那些格调不够的模特。她强烈要求在工作室拍摄照片，选用有教养的女性模特，并配以高水准的时装插画，以彰显更优雅的品位。停止拍摄无法展现法国高级时装精髓的照片。"

李给奥德丽的回复如下：

> 我觉得，埃德娜的意见非常不公允。这些快照是在十分困难的条件下拍摄而成的。模特只愿意从午休期间挤出短短20分钟，而这20分钟大部分还被花在试穿尚未整理完毕的服装上。有的照片是下午5点后在没有电的客房里拍摄的，此时只能利用从庭院的窗户里漏进来的天光。四周围绕着一群吵吵嚷嚷的围观者，漏进来的那点光跟穿过通道照进监狱的光线差不多。说什么要邀请上流社会的女士完成拍摄，这种建议简直不切实际。应该让埃德娜明白，现在可是在打仗呢。

这类与实际情况脱节的挑剔使李越来越不耐烦，她巴不得回头去找美国陆军第83步兵师，重新做更接地气的报道。在这个心愿实现之前，她报道了布鲁塞尔的沙龙，然后动身前往英国，与罗兰·彭罗斯重聚，在唐郡山过了一个热闹的圣诞节。返回巴黎后，她接到的第一项任务是去拜访并报道一位人物，《时尚》将此人称为"法国尚在人世的最伟大的女作家"。

> 爬上整个巴黎最昏暗的楼梯，按动没有电的无声门铃，又改为在门上咚咚地用力猛敲，直到指关节都敲麻了。波利娜（科莱特忠实的奴仆）跌跌撞撞地穿过一条暗无天日的走廊，探头打量来访者。她不仅要确认访客身份，还要确保自己认可这个访客。若是波利娜不点

头,访客就永远不会有第二次造访的机会。

从高高的窗户里射入的冷色调光线映照着科莱特蓬松的头发,在她头上形成了一道光环。房间里很热,盖在她床上的黄褐色毛皮毯显得颇为华贵。可以肯定她正在打电话。她摘下那副镶着厚重镜框的滑稽眼镜,换了一只手拿电话,然后拉住我的手,让我在床边坐下,而她则继续用亲密的语气轻声责备着电话那头的人。话筒里飘出女性微弱的声音。终于,那头表示,她会归还打字机,并申请前往利摩日的交通许可,明天还会来喝茶。明天见!

科莱特转过脸来,面向我问道:"那么,你需要什么?"她的声音低沉沙哑,她的手却很温暖,她那描着眼线的双眼闪烁着光芒,与散布在房间里的无数水晶球和玻璃小摆件交相辉映。[6]

奥德丽·威瑟斯曾经多次请求李写一篇讲述"解放图景"的文章,她希望这篇文章能避免李以往那种血腥和暴力的报道风格。这篇文章最终发表在1945年1月的《时尚》杂志上,文章中她不仅提出了犀利的见解,还配上了展现难民苦难的照片。

"解放图景"并非一幅装饰画。虽然有美酒和欢乐的歌声构成的线条,也有自由所带来的绚丽色彩,但同时伴随着废墟与毁灭。这里有各种难题和错误,有破灭的希望和未尽的承诺,有一厢情愿的幻想和低下的效率,还有类似午睡后醒来的昏沉感,即一种"睡美人"般的倦息。王子闯入蛛网遍布的城堡,印下了唤醒美人的一吻。于是人人都随之苏醒,跳着小步舞,从此上了幸福的生活。

童话故事到这里戛然而止,但本不该如此。是谁擦亮了满是铜锈的平底锅？是谁更换了生锈的井链？架子上是否布满灰尘？橱柜是否洁净？床底下必定积满了尘埃，是谁来打扫干净？城堡里想必已是一片狼藉。在故事结束的地方，他们是否已经开始了争吵？他们有没有问过这段时间以来，邻居们是怎么议论他们的？送奶工有没有在窗台上留下一排排奶瓶？食品柜里有没有新鲜的生菜和鸡蛋？或许王子解决了所有问题，带来了所有东西，又或者，解放本身是否足矣？……我在卢森堡目睹了所谓解放的某些运作方式。

接下来，李报道了这个连保家卫国的军队也没有的袖珍小国所遭受的蹂躏。她描写了纳粹占领时期种种令人蒙羞的且烦琐的愚行，比如禁止当地人讲法语，哪怕只是用法语说声"你好"或"谢谢"，也要罚款十马克。法语姓氏必须改成与之最为相似的德语姓氏，咖啡馆的招牌上写着德语的"啤酒店"一词。知识分子、教师和律师被当作叛徒枪杀了。纳粹会利用一切机会对平民进行报复性的劫掠。犹太人已早早消失得无影无踪。

李以清晰而富有洞察力的方式记录下了这些苦难，但这并非她追求的那种报道。混在士兵们中间，待在战斗最危险的地方，她永远会觉得更加如鱼得水。

> 对于（卢森堡）这座城市，我事先一无所知，除了多雨的天气之外，我什么也不了解。直到有一辆吉普车映入眼帘，我认出了车牌上的数字。几秒钟之后，我来到了大街上，盯着路过的所有轿车和卡车上的识别标记。我找到了一个认识的号码，随即像交警一样伸手拦车。车上是伯杰医生和美国陆军第83步兵师第329团的随军牧师。我又觉得自在起来。克拉比尔上校说："我们认为，博让西一役以来，你

一直缺勤。"中士们则说："女士，每回你一露面就准出事。"

将军问我，到底发现了什么比跟他们待在一起更妙的事，我把巴黎时装的事跟他说了说，那疯狂的开幕式，那些华而不实的仿制服装。他打量了我一番，只见我脚蹬泥泞不堪的靴子，身上裹着湿漉漉的连帽斗篷，他说："说不上好还是不好，不过肯定很不一样。你最好还是跟我们待在一块儿吧。"

宪兵们说："把你的红围巾收起来，戴上头盔吧。你觉得将军看到会怎么说？"[7]

经历过这样的生活之后，在李眼里，巴黎的生活就显得太过平淡。她对时尚的热爱或许很深，但即将举办的新一轮沙龙活动仍令她却步。她说服了奥德丽·威瑟斯再次放她去流浪。而戴维·E.谢尔曼之前一直在报道布雷斯特的激烈战况，结果却被《生活》杂志派去报道春季时装，这真是一种奇特的讽刺。李在大雪、泥泞和混乱中奔赴阿尔萨斯，那是战况最为惨烈的地区之一。随着美军越过莱茵河，艰难地向前推进，在科尔马的平原上，原本繁荣而精致的中世纪小农场和村庄被彻底摧毁了。超载的拖车堵住了道路，成千上万的难民——包括老人和妇孺——全都跌跌撞撞地随车而行，寻觅着食物、住所和安全地带。

同大部分战斗一样，普通记者不必承担像摄影记者那样的风险。他们大可坐在战场后方数英里外的媒体驻地，躲在安全地带，通过新闻发布会或补给队采集素材。而摄影记者要想拍照，那只有一个办法，就是主动去战场上搜寻目标。要知道，李的罗莱弗莱克斯相机既没有长焦镜头，也没有自动卷片装置或内置测光表。种种压力之下，每一次曝光都是不假思索的。由于每卷胶卷仅能拍摄12张照片，为了弥补这一不足，并防止相机出现故障，李通常会交替使用两台相机来保证拍摄顺利完成。这使得撰写说明文字简直成了一场噩梦，但这个习惯不止一次地使她免于失败。

战斗的规模千差万别，既有巡逻队之间的短兵相接，也有部署周密、动员火炮和装甲力量的大规模攻击。有两个因素使战况变得越发惨烈，一是寒森森的天气，二是莱茵河畔的德军背水一战的绝望处境。美国陆军与自由法国军队并肩作战，此外还有摩洛哥人、法国外籍军团、阿根廷人、苏联人、匈牙利人和西班牙人。李开着自己的吉普车，在各部队之间自由活动，从斯特拉斯堡向南，朝科尔马挺进。这里没有解放时激动人心的幸福画面，只有无休无止的痛苦跋涉与血腥场景。一座座村庄时而被攻占，时而被夺回，然后再次被攻占。李几乎深入了战场的每一个角落。她以前的经历使得军中那些硬汉心甘情愿地接纳了她。如今，对他们的行事方式，她早已摸得一清二楚。她拍摄的照片和撰写的文章登载在《时尚》1945年4月刊上，题为《亲历阿尔萨斯战役》。

> 每当看到炮弹在积雪旁边爆炸时那种刺眼的黄色和灰色，我都会不由得想起那些补充兵员颤抖而苍白的脸庞如何因恐惧而变黄、发灰。他们的双手笨拙地胡乱摸索着，视线模糊的双眼瞥向自己必须穿过的战场。积雪如同一层裹尸布，遮盖了无辜者隆起的身形，让弹坑残酷的线条变得柔和。无论是敌军，还是之前尝试发动攻击的其他部队，所有军人的尸首都被积雪一视同仁地覆盖起来。刚刚炸出的弹坑颜色鲜艳，周围环绕着一圈圈黑色的土块，散发出令人窒息的气味。战壕里躺着一个死去的德国人，面色如蜡，冻僵的身体保持着英勇的姿态。新来的小伙子们跺着脚，因为别人也在跺脚。他们的身体麻木得厉害，根本感觉不到寒冷。他们大多是腼腆地用一只脚在另一只脚

边绕啊绕……一名中尉用手捂着被割伤的脸,倚在一棵树上。他在树上留下了一个血手印,然后接着往前走。他沿着战壕走去,在战壕边沿坐下来,慢慢用双手捂住肚子。他在那里坐了片刻。士兵们说着话从他身旁经过。他用手势示意他们继续前进。一名士兵先逗留了一会儿,然后又往磨坊那边去了。两名被人看守着的德国战俘抬着担架过来了,但担架上的人已经断了气。他们将他留在路旁,把他的尸体掩埋起来。看守和两名战俘向那尸首行了个礼,然后重新向磨坊的方向走去……我们为这里的大人和孩子创造的是怎样的野蛮景象啊。黎明时分,他们从藏身的地窖里向外窥视,发现"喧嚣声"来临前还在谷仓前的空地上喝汤的陌生人,此时却倒在雪地里,面色煞白,已然死去。

李返回位于斯克里布酒店的基地,把写好的报道发给杂志社,然后仔细审视当下的处境。到目前为止,已经有无数记者来到了欧洲,军方提供的设施原本就很紧缺,如今还要面临激烈的竞争。李设法换了一份美国陆军航空队的委派令,目前他们在欧洲发挥的作用还不太引人瞩目,为了加大宣传力度,他们为记者提供的支持要多得多。如今,李不仅享有空运胶卷和报道文稿的优先权,还获得了全权委托,可以随意前往自己想去的地方。但她没有把常规报道的主题改为美国陆军航空队的行动,反而继续聚焦于步兵,他们付出的艰苦努力令她最感钦佩。

戴维·E.谢尔曼刚以12万法郎的价格购置了一辆1937年产的雪佛兰汽车。庞大的车身被喷上了符合规定的橄榄绿色的军用漆,引擎盖上印有代表美军的巨大白色五角星,挡泥板上印了《生活》杂志的名字。他和李动身前往德国托尔高,去报道苏军和美军在易北河会师的新闻。这次两军间的正式会晤是斯大林、丘吉尔和罗斯福在雅尔塔达成的协议的产物，其目的之一是限制苏联在欧洲的势力范围。

托尔高成为大批记者的目标。戴维原本退缩了，因为《生活》杂志把这篇报道的任务分派给了其他人，但李闯出了一条自己的路。她径直跳上一辆武装吉普车，这辆车上搭乘了四名美军士兵，他们来自美国陆军第69步兵师第273团的H连。吉普车飞也似的驶过一座座小镇，镇上的居民还以为是苏军来了，吓得四散奔逃。流离失所的人们欢呼喝彩，佩带武器的德国士兵躲到了人们看不见的地方。托尔高废弃的街道残破不堪，两队难民分别奔往相反的方向，把街道堵得水泄不通。波兰人和苏联人往东行，试图回到故国，其他人则想抢在苏军到来前往西逃跑。在苏军的战地指挥所，人们依旧如往常一样挥舞着旗帜，互相握手。李幸运地抢在其他记者前拍下了照片。没过多久，人们开始痛饮伏特加，大家热情相拥，狂欢庆祝，叫喊着，嘶吼着，不时向空中开火，一个个都喝得酩酊大醉。

苏军的后勤女兵身材"粗壮"得有些奇怪，让那几个美国大兵津津乐道。这些女兵不愿向美军士兵透露自己的秘密，却立即与李建立了融洽的关系，因为她们同样对她的身材感到好奇。她们邀请李到营房里去做客，其中几人脱掉了衣服，露出用厚实的材料及厚重的肩带制成的胸罩，看得李十分惊诧。李也学着她们的样子脱去衣服，她们困惑地发现她竟然没戴胸罩，还对她相对"平坦"的身材表示同情。等到集会的人群开始被伏特加的酒力牢牢掌控时，记者们仍在陆续到达的过程中。李和戴维知道，他们已经捕捉到了此次报道的精华，待到《纽约先驱论坛报》的玛格丽特·希金斯出现时，他们已经准备脱身了。她对戴维抱怨道："为什么我去某个地方报道新闻的时候，每回都是我才刚到，你和李·米勒就正打算离开？"

戴维和李向南而行，遇到一群美国大兵正在洗劫一处酒窖。他们只想喝甜葡萄酒，所以李就从里面挑出了苏特恩白葡萄酒，还有几瓶利口酒。李还"解放"了几箱木莓白兰地，为了节省雪佛兰汽车内的空间，她把瓶子里的酒倒进了一个原先用来装水的汽油罐。在之后一段时间里，这个罐子一直被她藏在车内。由于汽油比黄金还要宝贵，见她把一罐汽油看得这么紧，倒也没人感到惊讶。但让人大惊失色的是，她竟然举起汽油罐，大口痛饮，而且喝得津津有味。汽油罐里的木莓白兰地越喝越少，不管后来又弄到了什么利口酒或葡萄酒，李都会往汽油罐里倒，里面的酒味慢慢变得难以形容，但酒劲儿无与伦比。[8]

纽伦堡被巴顿将军的部队占领，他称慕尼黑已唾手可得。李和戴维紧随其后，来到了美国第6集团军的媒体驻地。这里负责公共关系的军官是前《生活》杂志记者迪克·波拉德，他拿走了李和戴维的胶卷，并优先将其运回英国。他还告知他们，第42步兵师（彩虹师）当晚将解放达豪集中营。

在与看守瞭望塔的纳粹党卫军短暂交火之后，彩虹师占领了达豪集中营。次日清晨，李和戴维成为第一批进入集中营的记者。他们有些同僚没见过这样的场面，立刻情绪崩溃，拼命呕吐。拜之前的经历所赐，在面对战争的恐怖场景时，李在一定程度上是有心理准备的。她主要的反应是不敢置信。她惊呆了，根本说不出话来，无法接受这场大屠杀的规模和惨烈程度。在这里和布痕瓦尔德，一些美国士兵也产生了同样的反应。他们并不清楚对平民实施的政治及种族主义犯罪有多惨不忍睹，未免有些措手不及。起初他们还以为，这座集中营是己方出于宣传目的而伪造的。在交火中幸存下来的党卫军卫兵已经被囚犯们碎尸万段。一些卫兵穿上了别人丢掉的衣服，企图伪装起来，但还是被抓住了。因为营养充足的外表出卖了他们的真正身份。如果运气够好的话，他们会被宪兵团团围住。他们的结局大都是在牢房里卑躬屈膝，凄惨地呜咽着，乞求怜悯。他们中的许多人都身有残疾，或者已经受伤，这才谋到了管理集中营这样安逸的工作。

在参与解放行动的那些人的记忆中，最突出的就是气味，那是噩梦般可怕的恶臭。在他们的印象中，那股臭味简直有形有相，让人感觉自己在余生中永远也无法摆脱它的纠缠。还有像木材般堆在一起的尸体。不论性别或年龄，所有人都无法避免死亡，这两个特征仅仅是堆放尸首时模糊的分类标准而已。男人堆在这边，妇孺堆到那边。大规模处决和大批人普遍挨饿的证据根本无法掩盖，因为早在五天前，焚尸炉就已经用尽了燃料。死者和垂死的人挤满大片空地，他们躺在充斥着粪便和呕吐物的"水洼"里，得不到任何慰藉。从霍乱到斑疹伤寒，一切所能想到的疾病都有可能在此肆虐，这对营养不良的人而言是致命的。

这座集中营是一条铁路支线的终点。这里的囚犯踏上的本就是一趟有来无回的单程旅行。某些货车和运输牲畜的列车车身过长，无法驶入这条支线，只好停在集中营外。铁轨旁边躺着在最后一次押送中送命的死者的尸体。然而，镇上的平民声称，他们对这座集中营的用途毫不知情。

激愤之下，李拍摄了照片。"我恳求你相信这是真的。"她在电报中对奥德丽·威瑟斯说，她想让世界直面这样的滔天罪行。她在囚犯中间走动时，他们都被她迷得神魂颠倒。虽然她刻意选择了宽松的军服，以转移人们对自己性别的注意力，但唇上的口红和逸出的几缕金发仍然暴露了她。囚犯们用惊奇而钦慕的目光盯着她。她想起衣兜里还有几块 K 口粮的巧克力，便傻乎乎地掏出来送人。她的这一举动随即引发了一场混战，戴维把她从人群中拖了出来，此后他俩一直形影不离。在一间简陋的小屋里，他们想给其中一张铺位拍照，但这里被慢性病患者挤得水泄不通。一些囚犯在小屋里搜寻了半天，最后找到了一个刚刚断气的人，这才把尸体拖出去，空出简陋的铺位。他们低下头，站立片刻，祈祷了一番，然后才邀请戴维和李进去拍照。

美军指挥官迅速对达豪集中营的局势做出应对。他们将卡车派往慕尼黑，车里装的全是供平民使用的衣物和铺盖，这些物品很快被送往集中营。所有能找到的医疗用品和民用病床都被征用了，但食物是另一回事。许多囚犯的胃已经严重萎缩，能吃下的东西仅限于一点儿稀粥，但凡比粥稍微稠上一丁点儿的东西都会导致剧烈的呕吐，有时甚至还会致死。

身处慕尼黑的那天夜里，在摄政王广场27号第45步兵师的战地指挥所，李和戴维凭借口才搞到了一处临时的落脚地。这个住处位于一幢老式建筑的角落里，从外面看不出有比商人或退休教士地位更高的人生活过的迹象。这样的环境不太像是李和戴维职业生涯中重大新闻的发生地。进入室内，陈设依旧让人觉得平淡无奇，哪怕没有什么祖上的遗产，只要是中等收入的人，任谁都能买得起这样的家具和装饰。唯有银器上的纳粹标志，加上阿道夫·希特勒的首字母组合"A. H."，才揭示出主人的身份——这里竟是希特勒的旧居。正是在这么一个毫不起眼的地方，曾经居住过第三帝国的元首，他曾在这里会见过张伯伦、佛朗哥、墨索里尼、戈培尔、戈林、赖伐尔等人。

在相邻的副官的公寓里，精密的电话交换机依然处于连接状态。李和戴维找来了会讲德语的美国军官格雷斯上校，请他呼叫接线员，对方目前仍然待在市区某处尚未被攻占的区域。格雷斯希望能听到元首亲口说出的只言片语，便要求与贝希特斯加登[1]那里的人通话。电话铃响起，另一端

---

[1] 德国南部城镇，希特勒的别墅"鹰巢"所在地。

有声音传来。接着,显然是由于他们未能说出正确的暗号,通话立刻被切断,整台电话交换机也没了声息。

李心中冒出的第一个念头是跳进巨大的浴缸,享受数周以来的首次沐浴。她将沾满污泥的战靴丢在浴室的防滑垫上,戴维给她拍了张照片。随后,他们又拍摄了一张恶搞照片:一名美国大兵躺在希特勒的床上,一边打着野战电话,一边阅读《我的奋斗》。这张照片在《生活》杂志上占据了整整一页的篇幅,为戴维赢得了职业生涯中最大的荣誉之一。作为纪念,李带走了签名版的《我的奋斗》、写给希特勒的女管家温特夫人的感谢信,还有数不清的各种小玩意儿,其中包括希特勒的一张照片。她让指挥所里的每一个人都在照片上签了名。

大概三个街区之外,是希特勒的情妇爱娃·布劳恩的居所,她那座用灰泥粉饰过的方形别墅就坐落在瓦塞尔布格街12号。别墅里的房间不大,从一丝不苟的陈设上看不出什么个人特色,仿佛每样东西都是从同一家百货公司里挑选出来的。只有浴室展现出了主人的个性,其间的架子上摆满了——用李的话说——供应"一间疑病症病房"都绰绰有余的药物。李写道:"我在她的床上小憩了一会。枕在那个据说已经死去的姑娘和她的男人曾经共用的枕头上打盹,感觉既舒适又恐怖。如果传言属实,他们真的已经死了的话,我反倒觉得庆幸。"9

第6集团军的迪克·波拉德建议李和戴维以最快速度赶到萨尔茨堡。因为由"钢铁迈克"约翰·威尔逊·奥丹尼尔率领的第3师第15团即将在贝希特斯加登对阿尔卑斯山脉上希特勒坚不可摧的要塞发动攻击。路很不好走,他们行驶了一天,雪佛兰汽车一度冲出了道路,只能靠军用推土机拖回来。又往前开了短短一段路之后,他们遇到了一群美国士兵,正冲着一辆1939年款奔驰敞篷车的车窗开枪。在戴维的劝说下,他们住了手,作为回报，他们摆好姿势，由李给他们拍了一张照片，好刊登在他们家乡的报纸上。根据手套箱里的文件判断，车主是一位匈牙利空军武官，名叫菲特雷。戴维估计这辆车并没有什么官方用途，于是便"解放"了它。他给车起名为"卢德米拉"，后来这辆车陪伴了他许多年，直到最后在纽约报废，被拆成了零件。

第3师攻下那座号称固若金汤的要塞简直不费吹灰之力。短暂的战斗之后，党卫军点燃了希特勒的别墅"鹰巢"，随后逃进了周围的森林。戴维和李赶到现场时，正值黄昏时分，在火葬"千年帝国"的柴堆里，火焰正在熊熊燃烧。他们爬上了那座建筑后面的山，替彼此举着闪光灯。美国大兵蜂拥而至。山腰上有个声音咆哮道："你手底下有多少人？"另一人答道："四个在洗劫，一个在开枪，长官。"在砖石相撞的巨响和火焰的呼啸声中，双方的话音几乎听不见。次日，人们发现建筑内的大片区域和地下掩体并未受损，但在经过一番扫荡后，里面没有留下任何可以移动的东西。首当其冲的是希特勒的大量藏酒，包括葡萄酒、香槟和威士忌——虽然希特勒是个狂热的养生爱好者，并且声称自己非常厌恶烟草和酒精。在山体内，绵延数英里的隧道从生活区通向图书馆、电影院、厨房和餐厅，以及一间储存着从欧洲各地搜刮而来的珍宝的藏宝库。李和戴维先拍了照片，随后便毫不客气地动手搞了些纪念品。戴维拿走了莎士比亚全集的翻译本，扉页上有希特勒的藏书票。李则带走了一只华丽的大银盘，盘上刻着纳粹标志和希特勒名字的首字母。后来，这只银盘成了她在伦敦的家中拿来放饮料的托盘。

在距别墅不远的罗森海姆，媒体总部就设在当地的一间校舍里。李和戴维正在辛勤工作，撰写新闻标题和内容。就在这时，一名士兵走了进来，对他们说："我觉得有件事你们可能想知道：德国刚刚投降，欧洲的战争结束了!"李抬头瞥了他一眼,在爱马仕打字机上打字的动作几乎毫无停顿。她说了声:"谢谢。"随即停止打字。"该死!"她脱口道,"那我的第一段稿子就废掉了!"

1944 年，法国诺曼底。李头戴一顶特殊的头盔，是从美国陆军摄影师唐·赛克斯中士手里借来的（摄影者不详）

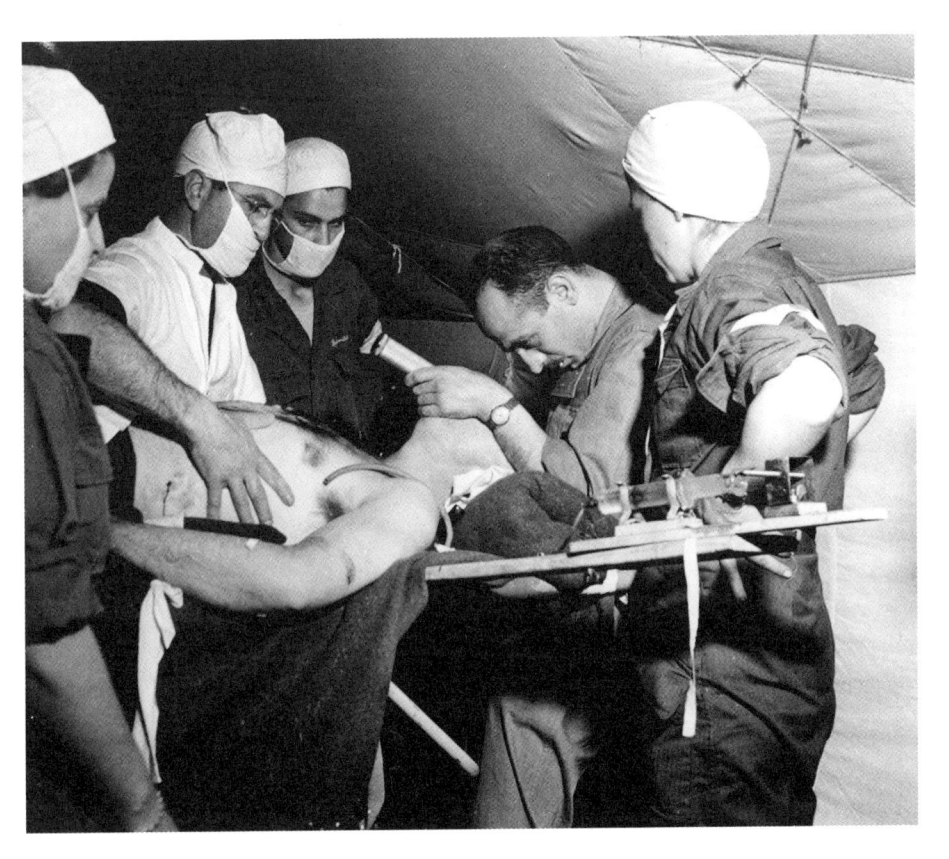

1944年，法国诺曼底，位于布里克维尔的第44转运医院。一名生命垂危的伤员，在悉心的照护下，他的性命得到了挽救（摄影者：李·米勒）

1944年，法国圣马洛。空袭轰炸，堡垒陷落（摄影者：李·米勒）

1944年8月。巴黎被解放时,毕加索和李在他的工作室里(摄影者:李·米勒)

1944年，巴黎。李与法国版《时尚》编辑米歇尔·德·布吕诺夫合影（摄影者：戴维·E.谢尔曼）

1944年，巴黎。"罗丝·德卡的深红色毡帽高高耸起，戴在头上十分贴合。这正是巴黎欣赏的线条之美"（摄影者：李·米勒）

▲
1944年，巴黎。七十一岁的科莱特在位于博若莱街9号的公寓里刺绣（摄影者：李·米勒）

▼
1944年，巴黎，斯克里布酒店（摄影者：李·米勒）

1945年。美国和摩洛哥的补充兵员抵达阿尔萨斯的科尔马,准备参加战斗(摄影者:李·米勒)

1945年。美军坦克乘员和步兵在阿尔萨斯的一户农家院里驻扎(摄影者:李·米勒)

1945年，科隆。死亡的士兵。李写道："这是个好德国人，他已经死了，动脉钳还挂在他碎裂的手腕上。"（摄影者：李·米勒）

1945 年，莱比锡市政厅。副市长之女雷吉娜·利索。盟军占领这座城市时，她随父母一起自杀身亡。李写道："她的牙齿美极了。"（摄影者：李·米勒）

1945年，布痕瓦尔德。恐怖的集中营，无法忘怀，不可原谅（摄影者：李·米勒）

1945年4月30日,美军军医与达豪集中营死去的囚犯。一些军人对这种苦难感到不可思议,还以为集中营是己方阵营为了宣传造势而伪造出来的残忍噱头(摄影者:李·米勒)

1945年，巴伐利亚山区上萨尔茨堡。希特勒的巢穴被党卫军付之一炬。与李同行的戴维·E.谢尔曼称之为"第三帝国的火葬堆"（摄影者：李·米勒）

1945年4月30日，慕尼黑，摄政王广场。李在希特勒的浴缸里留影（摄影者：李·米勒和戴维·E. 谢尔曼）

1943 年。李在伦敦（摄影者：戴维·E. 谢尔曼）

第八章

虚度光阴：奥地利 1945

对李和她的记者同事们而言，停战后的日子反而是令人沮丧的。此前让他们保持活力的紧张气氛在顷刻间化为乌有，李"被仇恨和厌恶的高墙包围着"。李驾车穿越德国，前往丹麦，执行报道丹麦的时尚与社会生活的任务。她在工作之余拍摄的那些照片美不胜收：静谧的风景、农场、市场，还有在哥本哈根蒂沃利花园中尽情享受生活的人群。她仿佛是在刻意寻找视觉上的良药，以此来治愈之前的恐怖场景造成的创伤。她所写的文字更为真实地表明了她当时的心理状态，为了让文章具有连贯性，奥德丽·威瑟斯只好对她写的八千字长文和三份草稿进行大刀阔斧的删减。

在伦敦，《时尚》杂志热情地欢迎了李。杂志社专门为她举办了一次午餐会，总经理哈里·约克斯尔亲切地发表了一段演讲，褒扬她的工作成就和勇气："关于美国大兵和毕加索，还有谁写出过同等优秀的文章？还有谁亲身经历过圣马洛的死亡和时尚沙龙的重生？还有谁这周还身处齐格菲防线，下周便转而报道起了时尚前沿？"他接下来又表扬了奥德丽·威瑟斯、助理格蕾丝·扬，以及艺术部和工作室。但他忍不住暗示是《时尚》派李去拍摄战争中的世界的，哪怕实际情况并非如此。

由于她所经历的种种变化，李与罗兰的关系有些紧张。他们依旧彼此相爱，但她内心的波澜起伏已经超出了任何一方的理解范围。问题的根源在于一个基本的冲突——他想剪断她的翅膀，把她留在家中，而她不肯安守在家。她会说："我不是灰姑娘，我没法强迫自己硬把脚塞进水晶鞋。"她把罗兰的自由主义观念朝着极限拉扯，要求他理解她那些连她自己也无法理解的动机。两人之间暗流涌动的紧张关系持续发酵，到了8月终于爆发了。他们吵得天翻地覆，李随即搬了出来。

回到巴黎后，她陷入了一场残酷的精神上的自我折磨，长期积劳使她的身体状况雪上加霜，将她压垮了。有段时期，她一直严重依赖苯丙胺这种兴奋剂的药力，好迫使自己进入工作状态。每天早晨，当兴奋剂和浓咖啡开始生效，她的身体便会被迫变得警觉。到了夜间，由于精神紧张，她根本无法入睡，只能依赖大量酒精和安眠药，让自己的感官变得迟钝至可以忍受的水平。带翼的邪恶黑蛇缠绕着她的心，缓慢地扇动着翅膀。某些早晨，她根本无法击败这些蛇，只能独自窝在床上，哭泣一整天。

幸亏有戴维守在她身边。他很有耐心，也能理解她，虽然天性热情奔放，但他身上也背负着与李类似的问题。正是戴维的幽默感拯救了李，让她免于冲自己的脑袋来上一枪。无论遇到什么事，他都可以将之变成笑谈。他迫使她学会自嘲，用这样的方式使她恢复了健康。慢慢地，带翼的黑蛇被逐回了它们的巢穴，在那里重新进入冬日的浅眠。她重新找回了一些平衡，又开始不由自主地向前迈进。以下这封信应当是她在较为平静时写成的：

亲爱的罗兰：

我并没有忘记你。每天晚上，当我终于有时间，当然也有兴趣给你写信的时候，我就会想：等到明天，我就知道最终答案了，或者我的抑郁就会消失，或者我的亢奋就会平息……这样我才能给你写一封更加条理分明的信，其中包含某种决定，无论是我要留下，还是认输并回家。但是，那样的时刻始终没有到来。这种情况你在若干年前就已经知晓。在文字创作上，我要么文思泉涌，要么搜索枯肠。

在入侵发生时，决定本身造成的影响等同于一次巨大的宣泄，我所有的精力和预先形成的观点一同被释放出来。我工作出色，始终如一。我希望自己写出的东西是真诚的，并且令人信服。如今，我受困于一种语言上的无力感。一旦有必要鼓起勇气（你也知道，大轰炸期间我有多胆小怕事），我就可以做到这一点，而且我也确实做到了。这是一个陌生而令人幻灭的世界。与一个充斥着毫无荣誉感、诚信与廉耻之心的骗子的世界和平相处，这绝不是任何人奋战的初衷。

某个圣诞节的清晨，一则暗杀消息把我惊醒（被暗杀的是达尔朗上将）。你还记得吗？那会儿我的病已经好了。那个人带着一口棺材经过，我笑了起来。从那以后，一切都无关紧要了，因为我知道，我们并不是在为任何一样我们真正想要的东西而战，我们只是一如既往地被裹挟其中。然后，我看到了那些男人，有的灰扑扑，有的黑黝黝，还有的浑身是血。有些小伙子气得脸色煞白，有些累得脸色发青，有些还吓得浑身发抖。我感到无比悲哀——这场战争根本毫无意义——然后我怒不可遏。

和我一样，确实有许多人因和平的冲击而备受折磨。我指的绝不是那些重返家乡的小伙子，他们发现，自己已经离不开军队生活中那种母亲般的关怀。他们已经变了，有的与妻子形同陌路，有的无法融入社会，有的沉溺于酒精，有的厌世成性。这其实只是因为他们再也不想跟身边随处可见的渣滓打交道了——只要拿那些渣滓和前线上真正高尚而纯洁的心灵,或者是与那些从事着不起眼的工作却自觉为赢得战争的胜利而尽力的男男女女比较一下。还有那些购买债券的人,幸亏有他们,名誉扫地的政府在付清战时公债后,才得以继续维持下去。别忘了那些依旧缺少口粮的家庭,正是因为那些家庭在忍饥挨饿,许多贪得无厌、沾沾自喜的浑蛋手中的咖啡才漂浮着足够的奶油。纵观史册,还未有过比这些浑蛋更猖狂、更习滑的家伙。

屋子里乱七八糟,我的生活也是一团乱麻,根本无从整理。这种无望的混乱一直笼罩着我,令我一直感到压抑。保罗没有接听电话,毕加索和朵拉也音信全无。整座城市都处于关停状态,所有地方都没有营业。不仅8月如此,对日胜利日和圣母升天节等日子也是如此。明天清晨,也就是周六,我会在黎明时动身,怀着深深的恐惧和无聊前往奥地利。戴维在附近等我,因为他知道,如果他不等我的话,我就永远也不会出发。

爱你的李

在接下来的七个月里,李没有给罗兰寄出这封信,也没有寄出任何其他信件。在某种程度上而言,翼蛇胜利了。这种沉默险些摧毁了罗兰对她的爱。她之所以漠视罗兰,是因为在当时的她眼里,与罗兰的关系只是一场短暂的恋情。她无疑非常喜欢罗兰,却没有对他们俩这段关系的未来做出任何承诺。她希望戴维愿意和她一起去美国,两人组建摄影团队,这也印证了她对与罗兰的关系的看法。戴维拒绝了她的提议,因为戴维认为,她与罗兰的结合稳固而长久,而自己只会破坏这段关系。

李的第一站是萨尔茨堡。这座城市当时一片喧嚣,一车一车的法国、英国、美国和苏联士兵聚集在城里，参加音乐庆典。机智的酒店经营者纷纷将自家酒店装扮成供难民栖身的营地。空气中回荡着十来种语言混杂在一起的嘈杂声。50名苏联士兵作为美国将军马克·克拉克的正式来宾，一边对眼前的景象目瞪口呆，一边以迎接英雄的礼遇欢迎指挥家赖因哈特·鲍姆加特纳。音乐庆典的组织工作大部分落在了芭芭拉·劳维尔肩上，这位来自捷克的年轻姑娘此前更擅长的是惊心动魄的谍报活动和破坏行动。虽然必须清理掉那些与纳粹有过密切来往的人，但她依然想方设法地会聚起了一群颇有实力的表演者。鲍姆加特纳之前被流放到了瑞士，他们只好去边境确认他的身份，再把他接到萨尔茨堡来。他们还需要让其他藏匿起来的人确信迫害已经结束。食物供应是最大的问题之一，不过当局最终被说服了，认可了音乐演出确实是种繁重的劳动。庆典结束时，只用瞧瞧街上那些人的脸就可以看出，谁是为了领顿饭而歌唱的人。[1]

音乐打破了民族主义的界限，在这数小时内，法国、苏联、美国和英国占领军之间划定的分界被遗忘了。挂满勋章的苏联人与一名匈牙利人共用一本乐谱，后者是一位贵族地主，几周前在苏军到来时一度逃走了。人们聆听着亨德尔纯净的天籁之音《弥赛亚》，或者陶醉于莫扎特的乐曲中，十几个民族的十几种语言造成的隔阂被大家抛之脑后。音乐无处不在，音乐变成了萨尔茨堡的通用语言。[2]

李迷恋的是歌剧，尤其是歌剧明星。在音乐节上出尽风头的表演者是罗丝·施魏格尔，她是个来自本地贫穷家庭的姑娘，她父亲想方设法地把她送进了莫扎特学院。在为《时尚》撰写的手稿中，李说施魏格尔"是个娇俏的小姑娘，虽一副装扮成熟的模样，却依然稚气未脱。她披着一条粉红色的三角形披肩，头发在头顶盘起，穿的是长筒袜而非短袜。我听她演唱了《后宫诱逃》中布隆德这个角色的唱段。我不禁为之倾倒——她集出色的表演才能、独特的个性与令人惊叹的女高音于一身。"

施魏格尔带李参观了马克斯·赖因哈特的旧居——俯瞰湖面的雷翁波德斯克恩宫。她们认为,被轰炸后的花园和百叶窗是浪漫歌剧的完美背景。施魏格尔吟唱着咏叹调,在废墟中穿梭。

生于罗马尼亚的玛丽亚·切博塔里演唱的是康斯坦策这个角色的唱段,她的演唱堪称华美。然而在此之前,她曾在丈夫古斯塔夫·狄塞耳的病榻前守护了数个不眠之夜——这位身为影星的丈夫当时不幸突发心脏病。

> 玛丽亚·切博塔里提议,去圣沃尔夫冈参观著名的白马酒店。至于爬到帆布顶的武器运输车后面,在一路急转弯和急刹车中疾驰近30英里路,她根本不在乎。身为平民,这难得的旅行机会令她激动不已。我以前一直以为,歌剧明星都把自己的嗓子当成宝贝来爱护,在不必与人交际的间歇都要漱口。但她全然不在意飞扬的发丝和漫天的尘土。她拥有温暖的嗓音,也有着温暖的个性。[3]

为了照顾英军和美军士兵,赫尔曼·艾歇尔在表演提线木偶时说的都是英语台词。歌手们躲在地板下面,为木偶剧演唱轻歌剧。其中有个节目是儒勒·凡尔纳写的幽默讽刺剧,讲的是一个人应邀乘坐太空火箭去旅行的故事。

> 火箭喷溅着火花,发出砰的一声巨响,疾速飞过将近三英尺宽的舞台。这一切莫不令人回想起我们去年年底的遭遇。火箭在一颗奇特的行星上降落。在那里,所有的花朵都会跳舞,也会说话,居民外形

跟甲壳虫差不多。那些形似蜥蜴的生物骨瘦如柴，头骨呈淡绿色，肋骨突兀可见，它们四处爬行，发出刺耳的叫声……这明明是一部喜剧，我却笑不出来。火箭相当逼真，而蜥蜴般的生物让人想起达豪集中营的情景。[4]

在萨尔茨堡待了十天之后，李动身前往维也纳。由于害怕传闻中在偏远地区活动的强盗，她请来了美国陆军情报服务部门的记者弗雷德·瓦克纳格尔同行。在奥地利北部的林茨市以东，他们出示了身份证件，获颁了一张华丽的珠灰色卡片，上面用流畅的斜体字写着他们的姓名，仿佛附庸风雅的艺术画廊在画展开幕前送上的邀请卡。他们在小路上穿行，来到了一座小桥上的检查站。小桥的这一头由两名讲俄语和德语的美国哨兵把守，另一头则站着两名苏联卫兵。美国哨兵说的是一如往常的俏皮话："我说，女士，你是司机还是护士？""女士，你觉得那车还能再撑多久？""女士，给我拍个照，登到报上！"他们还会打量堆在车尾的一箱箱装备，调侃道："居然有这么多行李，女人可不就是这样的。"

在车流有限的地方，少数路标都是类似于步兵徽章的那种蓝底设计，上面漆着神秘难懂的白字，有的像烛台，有的像床架，还有些是上下或左右颠倒的数字和字母，就像在女巫的魔镜里看到的那样。在通往主要城镇的十字路口，负责指挥交通的苏联宪兵挥舞着红旗和黄旗，传递着难以解读的指令，指挥大家或停或行。然后，当车驶过时，他们还会用灵巧的手势行个漂亮的礼，那手势就像"了不起的美国人在用餐时切换刀叉"一样繁复。通向维也纳的路上，每处上坡弯道都有一名交通信号员在表演同样的把戏。不过我的车尾装着货，在驾车绕过弯道时,我需要双手操作,所以无法回礼。[5]

维也纳被划分为五个占领区,其中四个区分别属于苏联、法国、美国与英国,还有一个区由多国共同占领,这个区最让人担忧。在随之而来的竞争中,出现了各种沙文主义的伎俩,但最狡猾的诡计还是把这座城市划分为三个独立的时区。结果李发现,自己不管办什么事,总是要么早了两小时,要么晚了两小时。对官僚而言这一划分是绝佳的,他们最大限度地利用了它。所有许可证都必须一式四份,每个国家各一份,但有些通行证的有效期不够长,甚至在另一国的办公室里完成会签之前就失效了。

所有的酒店都被军方征用了,不论什么档次的旅馆,都有两名卫兵带着上了刺刀的步枪把守在门口。轻快的音乐似乎无处不在,但对于空空如也的肚子来说,这样的音乐未免华而不实。这里实行严格的食物配给制,几乎弄不到鱼和肉,平民普遍营养不良并患有由此导致的相关疾病。美军的补给很充足,但其余各国的条件就没有这么好了。为了把日子过得舒服些,一些胆子大的苏联士兵搭建了一个临时遮阳篷,又跑到贝尔维迪尔宫花园,用拖网在半干涸的装饰性水池里捞鱼。他们很快就捞到了满满一桶活蹦乱跳的鲤鱼。最后捞起来的两条鱼逃跑了,一名士兵便直接拔出左轮手枪将鱼打死。

最糟糕的是药品等医疗用品的短缺,这些物品仅供军队使用,而表面光鲜、设备齐全的民用医院里挤满了生还希望渺茫的病人。像尿布和绷带这样的东西还可以用包裹飞机零件的棕色软纸自制,但像青霉素这样的药物则根本找不到替代品。李参观了一家儿童医院,在电报中对奥德丽·威瑟斯如此描述:

整整一小时的时间，我目睹了一个婴儿的死去。我第一眼看见他的时候，他的皮肤已经是沾满尘垢的暗青色，青得犹如维也纳那些奏响华尔兹乐曲的夜晚，犹如达豪集中营里那些骨瘦如柴的人穿的囚服，犹如施特劳斯的多瑙河那存在于想象中的青蓝水面。我原本以为世上所有婴儿看起来都一个样子，但那仅限于健康的婴儿。奄奄一息的婴儿面貌各异。在我眼前的根本不是两个月大的婴儿，而是个瘦骨嶙峋的角斗士。他喘着粗气，挣扎着拼命求生，而我和医生、修女只能站在一旁，束手无策。这家儿童医院修得美轮美奂，育婴室的墙壁上写着儿歌，窗户上没装窗纱，白色的床铺干干净净，外科手术器械闪光锃亮，药品柜里空空如也。我们能做的只是眼睁睁地看着他死去。尚未萌出乳牙的牙龈清晰地裸露在外，他攥紧双拳，以此来对抗死亡的攻击。这个小小的婴儿为自己仅有的财产——他的生命——而奋战，仿佛他的命还有那么点价值似的；仿佛在医院门口没有成百上千的人在排队等待一张床，作为他们这场必败之仗的竞技场。

李的怒火在心中沸腾，她拿着铅笔在笔记本上猛戳："这是一座愚蠢的、浅薄的、荒谬的城市——它并不邪恶，不是作恶多端或悲剧性的。悲剧是降临在无辜者身上的命运，而不是那些邪恶的纳粹应得的惩罚。"

有一位和蔼可亲但精神错乱的疯癫老人，居住在危险的多国占领区，生活在以上种种绝望和沮丧之中，他就是尼因斯基。由于纳粹对精神病患者实施所谓的"仁慈助死"政策，整个战争期间，他的妻子只能把他藏匿起来。现在他又可以走上街或者坐在咖啡馆里了，只是他混乱的知觉还在慢慢适应这样的生活。在同一封电报中，李是这样形容他的：

他就像个安静无言、反应迟钝的好孩子,由他的护士带着出门,去公园里坐着,沉浸在自己的幻想之中。而此刻他的妻子萝莫拉正在与维也纳各种令人懊恼的事物作斗争——规章、排队、驱逐、许可、以物易物、敲诈勒索,四国的文书要求让这一切难上加难。他们原本在去往美国的路上,结果中途在声称保持中立的匈牙利被拦截下来。等到德国人插手以后,他们本来应该被送往集中营,但他们设法争取到了软禁的待遇。他们就这么等待着,一直等到估计盖世太保在别处忙得腾不出手来的时候,便从软禁中脱身,藏身于匈牙利西北部的肖普朗,坚持到了战斗来临的那一刻。那座城市在我方的空袭下被攻占了。整条街上,依旧矗立不倒的建筑只剩下他们的别墅。有过战斗中的恐怖经历之后,听到苏联人的声音,尼因斯基激动不已,这种兴奋使他忘却了对制服的恐惧。他头一回开口说话,还绕着营地的火堆翩翩起舞。士兵们看到了不起的尼因斯卡娅(尼因斯基的妹妹)连双鞋都没有,都大为震惊,他们从隔壁房屋的瓦砾堆下扒拉出一张红皮沙发,用拙劣的技艺给她做了双凉鞋。这双鞋带有些许古罗马风情,多少分担了她在眼下这个世道的奔波之苦。

在某种程度上,李待在维也纳算是消磨时间。她想去那些难以到达的地方。而事实证明,即便奥德丽·威瑟斯出手,李想获得前往莫斯科的签证也绝无可能。所以匈牙利就成了她的目标。对多数人而言,这个国家仍大门紧闭。在隆冬时节靠近巴尔干地区,这样反常的行为实属任性,但这或许使进入匈牙利这件事更具吸引力了。李所需的许可文书拖了好几个星期。她需要在各个军方使团之间来回奔波,不断排队等候,常常被告知某件事还需要额外处理,这就意味着接下来的三天内还得在不同的办公室之间往返五次。在这些令人泄气的时刻，有只小猫跟李做伴，这只猫是她从排水沟里救起来的。她给这只猫起名"沃鲁姆"，将其藏在宽松的制服里，随身带着到处走。像所有猫儿一样，沃鲁姆也具备可靠的超自然力量，知道何时应该冒出来逗乐，分散别人的注意力。在一本正经的官员们面前，它总是能创造奇迹，仅有一次失败。在李与苏联使团见面时，它高视阔步地在一位上校的办公桌上踱步，就在这时，有人砰的一声把门关上了。作为一只经历过枪炮声洗礼的猫，沃鲁姆总是把这种砰砰声与讨厌的事联系在一起。于是，它猛然一蹿，撞翻了华丽的墨水瓶，墨水在桌面上流得到处都是。上校气得一跃而起，像头公牛似的咆哮。门被猛地推开，一名全副武装的卫兵冲了进来。沃鲁姆将这一幕尽收眼底。显而易见，全世界只有一个安全的地方，那就是李的胸脯。它随即飞快地踏过桌面，向李的胸口冲去。为了起跳，它加快了奔跑的速度，墨水随之四处飞溅。李不顾沾满墨汁的猫爪和怒吼的上校，把沃鲁姆往外衣里一塞，便溜之大吉。

在等待通行证的日子里，为了消磨时间，她要么与其他记者一起闲逛，要么纵情享受新近迷上的歌剧。歌剧明星伊姆加德·泽弗里德带李去参观歌剧院被焚毁后的遗迹。整座建筑的内部设施都被破坏了，舞台上方的屋顶最先着火，舞台本身则变成了一座巨大的壁炉。通向观众席的深沟上架着一块木板，泽弗里德站在木板上，演唱了《蝴蝶夫人》里的一首咏叹调。歌剧院的音响效果依然令人印象深刻，而锤子的敲击声和砖石的坍塌声则为泽弗里德的歌声增添了戏剧性的对位效果。

等到旅行终于获批时，这种无聊的生活就告一段落了。又要重新上路了，李不太确定自己究竟是欣喜还是难过。10月25日，她不顾所有人的劝阻，带着猫咪沃鲁姆和两名同行者，驾驶着雪佛兰汽车出发前往匈牙利边界。

第九章

最后的华尔兹：东欧
1945
—
1946

前往布达佩斯的旅程漫长而艰险，完成这次旅行后，李颇为得意，欣喜万分。这点从她写给留在维也纳的一位朋友的信中可以看出。这位朋友身份未明，但这并不重要。或许这又是她一封未寄出的信。也许她本就无意寄出，这只是她记录自己的冒险和组织思想的方式。

1945 年 10 月 25 日，周四，晚上

亲爱的拉尔夫：

你们大家当初真应该开个局，赌点小钱，赌我到底能不能到达目的地。赔率是多少来着？这条路漫长而荒凉，卫兵们告诉我，当天从这里开车经过的人就我一个。

这场冒险可以拍成一部不错的电影，里面可以安排一场我与全副武装的苏军卫兵的追逐戏。他们从两边包抄我的车，其中一辆车在前方猛地转向，把我拦住。我无辜地开车驶过一个检查站。一个态度粗暴至极的恶棍把我车上的两名同行者拖了出去，那帮人挥舞着冲锋枪，把他们赶进了其中一辆车。恶棍钻进车里，坐在我旁边，冲我大

吼大叫，用德语嚷嚷着"快点"之类的指令。他那把巨大的左轮手枪硌得我的肋骨非常难受。沃鲁姆突然想跟他闹着玩，害得我只好伸手逮了它好几回，那个卫兵就更生气了。我自然是尽量慢慢开。那段路的路况特别差，所以他叫我将车开快点的时候，车撞上了一个隆起的土包，我连忙刹车，他的鼻子撞到了挡风玻璃上。于是接下来的10千米路，他就没再那么催促了。经过布鲁克的几座建筑之后，我们终于在一个指挥所前下了车。一名上校、一名少校，还有其他人一起接待了我们。每个人都特别有礼貌，只不过我们的组合让他们觉得莫名其妙：一名美国司机、一名患有黄疸病的匈牙利少校，还有一名要赶往红十字会的奥地利电台演员。

一名英俊而迷人的中校到这里接管了局势。他说起英语来比我们还流利，幽默又机智。他先是盘问了我一番，想知道为什么身为持有委派令的战地记者，分到的居然是司机的活儿，而非秘书之类的。然后我们就讨论起了电影和新书。他大概是在想方设法获得即刻前往维也纳的调令，因为他对奥地利电影颇感兴趣。我的文书基本合乎要求，唯一的问题就是贝茨少校写的那封信，因为纸张质量相当低劣，谁也不相信这种破纸竟然能代表美国当局。我们解释说因为所有文件都必须准备一式多份，当地纸张才会短缺。对方勉强表示接受，我们便离开了。

在匈牙利边界，有人对那位演员的匈牙利护照做了一番检查。此时天色已晚，光线昏暗。有那么数小时的时间，多瑙河就像海市蜃楼一般在视野中若隐若现，直到河对岸的布达佩斯拔地而起，犹如镶嵌着宝石的圣像。三个人挤在前排，我开车已经开累了，况且这一整天精神都高度紧张。雪上加霜的是，布里斯托尔酒店的状况简直叫人害怕——酒店里空荡荡的，一片昏暗，散发着一股湿灰泥和老鼠屎的臭气。我的旅伴非要给我找个更好的地方落脚，于是我们一边许诺还会回来，一边横冲直撞地离开了。一整天的时间里，猫咪沃鲁姆一直活力四射，令我们着迷，让我们的心变得柔软。直到我们进入阿斯托里亚酒店，才发现它不见了。最后一次看见它时，它还在我的座位上，那时我们刚从布里斯托尔酒店钻进车里。我猛地掉转方向，像驾驶消防车一样往回开，盼望着它那双小小的绿眼睛会出现在汽车前灯的亮光中。可它躺在人行道上，已经死透了。它脊背拱起，全身的毛都竖了起来，就像它假扮战士的时候那样。有五分钟的时间，我连哭都哭不出来，直到累积了数周的挫败感、目标即将实现时的压力，以及痛失爱宠的悲痛一起爆发，我的泪水喷涌而出。我住进了阿斯托里亚酒店一间空荡荡的客房，房间里连床单都没有。次日，你送的闹钟叫醒了我，我迎来了新的一天。我把红围巾（以前曾是纳粹的旗帜）盖在枕头上了，这样枕头上至少是我自己带来的尘垢。因为哭泣，围巾的红色沾染在我的鼻子和眼周。有几名宪兵邀请我到他们的食堂做客，那里棒极了。他们请我吃了炒鸡蛋，吃完后我又吃了三个煎鸡蛋。食堂里的咖啡不错，黄油货真价实，吐司不是那种微微烤焦的热面包。他们的对话令人振奋。负责签发通行证的那名中士说，他们已经等了我好几个星期，不知道我究竟跑到哪里去了。黑格上校说，我不能住在阿斯托里亚酒店，必须搬到女修道院，也就是现在我听着有轨电车嘎吱嘎吱驶过的这个地方。

晚餐后，我在公园俱乐部喝了一杯，然后回来给你写这封信，算是向你汇报我的近况。我和一名身着便服的英国女记者一道走在街上，简直形同恋人。我把手揣在衣兜里，手里握着我那把小小的瓦尔特手枪，我竟然成了保护别人的力量，这种感觉非常奇异。

美国使团的上校也在那家酒吧里，在跟我们开玩笑的时候，他向我们透露了他在工作时产生的一些阴暗想法。他说，记者对他和使团的工作造成了干扰，记者惹出的麻烦太多了，到这里来只是为了拿着相机肆无忌惮地搜寻猎物。参议员比记者还不如，有时一天要花费5 000美元，不过他们不会像记者那样在酒吧里大打出手。他觉得，这帮人谁也没有真正写过什么报道，而是在利用记者的身份到处公费旅游。现在他挺高兴的，因为他已经把所有通行证的问题都移交给了苏联人，而苏联人大可按照自己的意愿，把所有人都关在边界外——这简直棒极了。同时他也承认，批准来此的人员名单上明明有36个名字，结果在完成所有通行手续以后，只有极少数人会真的来到这里。苏联将军已经受够这种情况了。说实在的，这几个星期的时间，我究竟在哪里呢？好吧，我很庆幸自己身在此地，路上的耽搁确实看似只是我的个人错误，我错在几周前没有快点行动。还有，我很想你。

爱你的李

战时，匈牙利的法西斯部队及其德国盟友被切断了后路，躲在布达佩斯，孤注一掷地与苏联人交战。他们被赶入布达城历史悠久的土耳其式要塞，在为期七周的围攻中，他们藏在要塞的地窖和地下隧道里进行最后的防御。肮脏的工事密不透风，挤满了开战之初就逃到那里的难民，他们原以为战斗至多只会持续几天。多瑙河上，连接布达城和佩斯城的桥梁通通被炸毁了，取而代之的临时浮桥经常遭到浮冰的破坏。

在李为《时尚》撰写的手稿中，有一段话未曾刊发，内容如下：

在被围墙封闭起来的瓦尔地区，居住着匈牙利那些声名卓著、家世显赫之人，他们住在狭窄街道上的华美宅邸里。炮击和轰炸令这里的屋宇变得支离破碎，损坏了马加什教堂，还摧毁了鲁斯伍尔姆甜品店。在过去的25年间，这家百年老店——其糖丝甜品一直在宴会和婚礼上为人们提供慰藉——未被流言和腐败所侵蚀。无论是王公大臣、卖国叛徒，还是少数正义人士，他们的夫人都在争夺这里的茶杯，并希望登上甜品店的邀请名单，借机处理有关民主、土地和丈夫的仕途的问题。

李被安排住在位于斯特凡尼亚的慈悲修女会天主教修道院。《生活》杂志的约翰·菲利普斯和《星条旗》的记者西蒙·布尔金也已经入住于此，这里俨然成了非官方的美国媒体驻地。李认定自己需要一名翻译和一名助理，而寻找人选最合适的地方似乎就是布达佩斯知名摄影师贝拉·豪尔米的工作室。她发现，这位大师蒙受了令人费解的指控，被投进了监狱，他的罪名始终未得到充分的解释。不过在他入狱期间，他儿子罗伯特依然经营着工作室，李闯进去的时候，罗伯特正在静静地下着国际象棋。李给他起了个外号叫"切斯皮"，意为"棋探"。他之前从捷克斯洛伐克的一座德军战俘营逃脱，在布达佩斯围城战中，他藏身的那座建筑被炸毁了，他也险些丧生。他精通乌克兰语、俄语、匈牙利语和英语，为人机敏圆滑，因此得以相对自由地到处旅行。当时，人们普遍不欢迎脖子上挂着相机的人，而他的语言天赋和圆融的性格恰恰发挥了重要作用。

多年以后，切斯皮回忆道：

李的报道题目叫作《围城战后的时尚女装》。苏军与德军的战斗留下了半城废墟。报道内容挺扯的：我找来了自己认识的几个姑娘，甭管什么破布披到她们身上，就都变成了时装。姑娘们太漂亮了，穿什么根本不重要。我夜以继日地跟李待在一起。我不觉得她有什么吸引力，在年轻的匈牙利人眼里，她太过男性化。大部分时间，她穿的都是那身松松垮垮的军装，而且她喝酒喝得太凶了。她是个优秀的摄影师，知道自己在做什么，而且绝对无所畏惧。幸好苏联人把她当成小伙子，这得以让她在战争中平安无恙。她身上有种绝妙的幽默感，这是她最好的个人特点之一。我们成了好朋友，每天晚上，她喝醉了以后，我都会把她带回家。修道院的日子并不好过。李向修女赠送了口红和长筒丝袜，院长玛吉特·施拉赫塔对此表示强烈反对。她说："在修道院里不能这么干。"我说我们不知道。一天早晨，一名修女进了李的房间，当时她躺在床上，而我两腿张开，跨坐在她身上，正在替她按摩和揉背。修女见状便歇斯底里地发作起来。其实我每天早晨都会这么做，因为这种方式可以帮她从宿醉中清醒过来，她喜欢这样。施拉赫塔用匈牙利语告诉我们："这种行为在这里也是不允许的。"我对她说："对不起，我不知道，我从来没在修道院里住过。"

在修道院里住了将近一个月之后，李救助了一些匈牙利难民，使他们免于被苏联人追捕。她把这些难民安置在自己的房间里，她自己则搬去与布尔金和菲利普斯同住。修道院院长大发雷霆，气得大声嚷嚷："我们在米克洛什手底下活了下来，在德国人和苏联人面前也挺住了，可你们这帮人才是极限考验！"等到另一个记者在房间里召妓玩乐时，不可避免的事终究还是发生了——他们这群人遭到了集体驱逐。

布达佩斯的社交生活是围绕着公园俱乐部展开的。这处迷人的避风港是全世界最高档的俱乐部之一，曾是匈牙利贵族骄傲的领地。然而，除了头衔之外，这些贵族几乎已经一无所有。眼下，要想进入这座昔日的特权堡垒，他们全得指望目前的掌权者，也就是盟军的军官。由于通货膨胀率一飞冲天，匈牙利的货币严重贬值。百名左右领着美元薪水的美国人诧异地发现，他们这群人竟然成了新贵族阶层中的精英。喜爱奢侈生活的美国人和怀念奢侈生活的匈牙利贵族相处得如此融洽，实在是自然而然的事。倒霉的英国人领的是用旧货币发放的薪水，而苏联人几乎没有薪水，于是他们的日子就没有那么好过了。

公园俱乐部的邀请函也是匈牙利知识分子和流离失所的纨绔子弟梦寐以求的目标。吸引他们的，既有品尝珍馐美味的机会，也有"双乔治"乐队的表演——这支乐队因拥有从美国空运来的最新乐谱，令布达佩斯其他乐队羡慕不已。此外，一旦俱乐部的侍者愿意与宾客串通，宾客就有机会卖掉手里的最后一个金烟盒，或者忍痛将钻石耳环脱手，换取令人垂涎的美元。

每周五晚定期举办的晚会是最受欢迎的社交活动，因为这是一周之内争取周末狩猎邀请的最后机会。自从有猎获的野味被出售给全城的餐馆之后，这项野外运动就变成了一门生意。只有技术一流的射手才会接到邀请，因为他们每打死一只猎物所需的弹药平均不超过两发。狩猎通常在那些刚刚被剥夺的广袤庄园里进行，而参与的猎人中不乏几个月前还拥有这些庄园的伯爵或男爵。他们遇见新地主时，发现对方在短短数月前还是自己手下的仆从，这种事并不罕见。新地主深知命运逆转的可能性永远存在，他们会向自己从前的主人深深鞠躬，说道："请原谅我非法侵入了您的财产，求您饶恕我，我做梦都在盼着您归来。"为应对未来的权势更替，这倒也不失为一种良策。

乡下的粮食生产陷入了停顿，因为农民不肯用自家的农产品去换取毫无价值的货币。城镇里的大多数人又恢复了以物易物的交易方式。一旦外出购物，就要双手提着装满物品的篮子出发，又提着交换而来的食物返回。一千克盐、一件偷来的制服、几个空瓶子、从被关押的人家里洗劫来的赃物，这些物品都可以拿来交换食物。日子最难熬的是城市人口里的下层阶级。乡下的农民可以退回到自给自足的生活状态，能用一技之长来交换物品的工匠则过得最好。

除了抢救出的寥寥几件传家宝之外，贵族唯一的资源就只剩下他们的才智和在逆境中翻身的天生韧劲了。千百年来，家族保有的财富始终处于动荡之中，这培养了他们身上坚韧不拔的性格。约翰·菲利普斯是这样形容那些贵族的："儿时的保姆逼他们赤着脚从荨麻丛中跑过，如果敢哭，就狠狠打他们的屁股。如今，他们纷纷出门寻找固定的工作，他们的夫人也是如此。那些夫人不惜去当酒吧女招待或出租车司机，她们穿着貂皮大衣步行去上班，直到连大衣也卖掉。"[1]

然而，李对这里的贵族男性印象平平，她历数了他们的种种恶行："贩毒，抛弃怀有身孕的女友，干黑市买卖，偷窃国家的青霉素储备，明知自己感染了性病却依旧跟自己的或别人的妻子上床，以及指控竞争对手结成政治团伙从而把他们送进牢房。"简直罄竹难书！对于贵族女性，她则是这样描写的：

> 这些女子是在严苛的学校里长大的。她们拥有勇气，懂得忍耐，具备着眼于长远的价值观。由于法律剥夺了所有女性的财产权，所以从平生第一次为玩具哭泣的时候开始，姑娘们就知道自己所拥有的一切都必须通过奋斗才能获得——无论是丈夫、财产还是权力。她们被

英国来的保姆欺凌，保姆会把暖床用的热水袋优先给男孩使用，而忽视女孩的需求。她们因在外狩猎而摔断骨头时，在生儿育女或哀悼逝者时，都不敢发出一声呜咽。她们是忠实的妻子，而且始终保持着动人的美丽。

如今，她们的努力得到了回报。剩下的那些男人一个个都坐守在银行和办公楼里，似乎对工作的意义感到绝望。他们在内阁的政治阴谋中苦苦挣扎，或者在某个破产的行业继续担任管理者，领取的年薪连电灯的月度账单都支付不起。女人们则务实而明智，她们知道，如果不亲自动手，就什么事也干不成。于是，她们一个接一个地卷起袖子，摘下戒指拿去卖掉，自己动手谋生。帕尔·奥尔马希伯爵夫人因其驯养的马匹而声名在外，身为国际知名马术师的她，靠在玛吉特桥的重建工程中驾驭运货马车来赚取家用。如今，六个月过去了，她已经拥有了两支车队，还雇了一名马车夫。天色刚蒙蒙亮，她便在刺骨的冷风中拴马、喂马，到多瑙河去拖建筑用的木料和废材。

有许多咖啡馆的雇员曾经都是这座城市里的贵妇名媛。最初，管理者让男爵夫人和伯爵夫人来端盘子或洗碗大概是出于某种炫耀心理，但这些女人在工作中证明了自己的价值，因为她们了解上乘的服务应该是怎样的，也并不耻于为他人提供这样的服务。到了冬季，这样的工作尤其受到青睐——得以待在暖和的室内，每日得到一餐的供应，还可以跟常客聊聊天。布达佩斯女服务员和育婴女佣的工会登记表看着倒像是《哥达年鉴》[1]。通过与雇主打交道的实际经验，这些女人现在发现，那些"可怕的革命者"（工会）或许还是有一定想

---

[1] 从18世纪至20世纪持续出版的记录欧洲王室及贵族资讯的名册。

法的。

伊丽莎白·乌尔曼男爵夫人做起了骑自行车送货的营生,她骑着自行车,递送自家姨妈手工制作的小松糕。加布丽埃勒·艾什泰哈齐公主现已投身家具运送业,围城期间,她动用自己的带篷马车运送食物。

第一次世界大战结束后,由于银行破产,加之1920年的通货膨胀,约瑟夫·泰莱基伯爵夫妇已经倾家荡产。伯爵成为一家奶酪厂的主管,退休时他身体虚弱,但过上了俭朴而舒适的生活。如今,他们再次破产了。他们得徒步数千米到奶酪厂,然后拖着一批奶酪步履蹒跚地回来,在城里挨家挨户地兜售。没有任何人(尤其是伯爵夫妇自己)会觉得一位患有风湿病的失聪老人和一位骨瘦如柴的纤弱妇人从最底层重新开始是可悲的。[2]

知名艺术家和科学家也未能幸免于这些困境。李登门拜访了阿尔伯特·圣捷尔吉。这位科学家凭借关于维生素C的研究获得了诺贝尔生理学或医学奖。李发现,他不得不将大部分精力用于维持他本人和手下员工的温饱与住所上,而非专注于研究与实验。为了给实验室筹集资金,他被迫从事黑市生意。雕塑家西吉什蒙德·德·施特罗布尔的处境比他要好一些,因为最近盟军有雕刻战争纪念碑的需求,尤其是苏联人,他们喜欢请人雕刻高耸的石柱,顶上饰以凯旋的人物形象。

为了在城外找点刺激的事情干,李和切斯皮去了一趟迈泽克韦什德,这座小镇位于匈牙利东北部,以华丽的传统刺绣服饰而闻名。一年当中,以10月和11月的服装色彩最为绚烂。这一时节,庄稼已经收获,白昼逐渐缩短,农民有了闲暇时间,年轻情侣便动起了结婚的心思,因此求爱和婚礼蔚为风行。每到傍晚，或者周日和节假日全天，经常能看见寻找如意郎君的未婚姑娘，她们三五成群地在街上"招摇过市"。一旦哪个姑娘成功觅得佳婿，她很快便会被瀑布般倾泻的白色流苏所围绕，腰间缠起彩色丝带。盛大的婚宴会持续数日之久，浪迹天涯的吉卜赛乐队会将浪漫的音乐、诗歌和风俗带到婚礼上来。

在切斯皮的帮助下，李在村里随意行动，到处拍照。她写道：

> 我刚才一直在跟一位特别神奇的老"夫人"（我总算把这个词用对了）聊天，她戴着硕大的粉红绒球头饰，穿着表示哀悼的黑裙子。她坐在暖炉旁，给我演示她是如何手绘花朵的。在过冬期间，本地所有女人都拿她的花朵图样来绣花，只不过现在没线了——就在那时，我被逮捕了。

> 那位满身尘土的小个子苏联士兵手持形似班卓琴的配枪，一副匆忙的样子。他嘴里一直在嚷嚷着："DAH VYE！ DAH VYE！"意思是"过来！"，这是苏军惯用的一句话，也有"交出你的手表、手枪，或者别的什么东西"的含义。苏军士兵互相说话时，声音乍一听特别吓人。他们总是扯着嗓子大喊大叫，听着就像准备拿斧头行刑一样。刚听到他们用这种方式进行"礼貌而友好"的对话时，我就本能地寻找枪战开始时可以躲藏的掩体。结果他们说的竟是头天晚上一次愉快的外出活动，还彼此邀请到剧院去。

> 我被带到了省会城市米什科尔茨，接下来的几天里，我一直逗留在指挥所附近。房间里陈设简朴，正中悬挂着斯大林的照片，我就坐在照片下面，等待接受各个军官的盘问和审查。他们有着不同的军衔和隶属部门，脾气也各异，但基本上都彬彬有礼，也很有耐心，还给

了我味道挺好的纸卷香烟。我虽被看守着，却不是在监狱里，而是被安排住在一家以战前汇率计价的酒店里，这相当不错。我教看管我的那名军官玩游戏，就是在玻璃杯上放张餐巾纸，用烟头在纸上烧几个洞，直到硬币终于落进杯子里那种。因为找不到火柴，我们就拿硬币玩遍了"狐狸捕鹅"游戏所有可能的走法。我们轮流来画想象中的怪物，每个人先画个脑袋，再把脑袋遮住，递给下一个人，让他来画怪物的身体。匈牙利人玩的扑克牌把我给难住了，因为纸牌上有铃铛和另一些我不熟悉的符号，而且牌居然是圆形的。

我始终想不出来我干了什么错事。罪名足够流放西伯利亚了吗？我的相机会被没收吗？我会被驱逐出匈牙利吗？

李刚一被捕，切斯皮便匆忙赶回了布达佩斯。目前的局面对他来说再熟悉不过了，他很清楚应该怎么办。他在自己的工作室里飞快地赶制假通行证，好给她捏造一个重要的身份。他用一张红色卡纸制作了封面，贴上一张李的照片，还加盖了许多轻微污损的章印，看起来很正式。证件上的文字宣称，李被准许前往各地旅行，并为孩子们拍摄照片。

米什科尔茨的守卫被震住了，他们从未见过如此权威的红色通行证，于是即刻将李释放。这时气氛已经非常友好，还要继续把她关押在那里，他们大概都觉得很尴尬。李在手稿中接着写道：

几天以后，我又返回了我的"犯罪现场"和被拘留的地方，礼貌地拜访了当初逮捕我的人。他们看见我都很高兴，为我举办了一场聚会，还带我到戏院去看戏。我们在咖啡馆里跳起了舞，祝酒祝了无数次，敬总统、首相、英雄和并不在场的朋友。我们还大谈自己的祖国,批评各自的敌人。次日醒来我觉得特别难受。[3]

数日之后,天色未明,李和约翰·菲利普斯便已在冰冷的接待室会合,旁边就是被判有罪的信奉法西斯主义的匈牙利前首相巴尔多西·拉斯洛的牢房,他即将以战犯的身份被绞死。然而,监狱里停电了,他们燃起一盏烟道破损的油灯,室内烟雾弥漫,他们只能漫无止境地等待着。在李的手稿中,有这样一段未发表的内容:

> 宪兵示意我们出门的时候,我们能听见几百人的低语,能感受到他们带来的压迫感。他们获得了允许,可以在远处观看即将在院子里执行的绞刑。由于行刑有所耽搁,他们还以为围观泡汤了呢。差不多已经天亮了,在这种天气里,在那些高墙之间,大概最亮的天光也不过如此。安排有变,行刑者的助手并没有竖起像横梁一样的巨大绞架,而是贴着砖墙垒起了沙袋。他们改变了主意,准备改用枪决,好让他体面离世。围观人群一拥而入,奋力爬上了窗台。一些人搬来大石块,把一辆四轮马车推到合适位置,这样就搭成了一个临时看台。接着又是漫长的等待。
>
> 拿着文件和卷宗的官员来到了我窗下的桌前。然后,一名小个子男人从一条幽暗的拱廊中信步而出,神色傲然,身边陪同着一名神父和几名宪兵。原本鸦雀无声的人群互相推搡起来,发出一阵骚动。巴尔多西的样子与被捕时别无二致:身穿粗花呢西服和猎装裤,脚蹬齐踝的鞋子,白袜子的边沿向外翻折。他仰着那张苍白的脸,挺着一只鹰钩鼻,神情倨傲,动作紧绷。他一边静静听着法官宣读判决,一边走到沙袋前方。当有人要为他蒙上眼罩时,他挥手拒绝了。自告奋勇

为他行刑的四名宪兵站成一排，等待着开枪的指令。他们与他的距离还不到两码。巴尔多西随即用略显嘶哑而高亢的声音喊道："愿上帝保佑匈牙利免受这帮强盗的祸害。"我觉得，他本来还想再说点别的，但一阵参差不齐的枪声淹没了他的声音。子弹的冲击力令他猛地撞向沙袋，他旋转着向左倒去，双脚的脚踝利落地交叠在一起。

还没等枪声传入他耳中，他便死了。刚才一直站得离他很近的神父，这时跪了下来，替死去的他祷告了十分钟。神父得了重感冒，不时将手探进蕾丝边的衣袖，去掏一条破旧不堪的手帕。狱医们把头凑近，在他寂然无声的胸口聆听。链子上那枚金色小十字架盖住了三个弹孔当中的一个。第四颗子弹击中的是他的下颌，弹孔已经被一条手帕遮起来了。我平时常去弗洛里什咖啡馆，那里人人都在议论这场行刑："明明是位受人敬仰的杰出首相，最后却落得个跟普通罪犯一样的下场，受了绞刑，可真是不光彩啊！"我灌了一大口酒，开口评论道："没关系，反正他是被开枪打死的。""不对，他是被绞死的！"然后他们就继续编故事。另一个版本的传闻里，他虽然是被枪决的，却在极度的痛苦中挣扎了40分钟。没人给出确切的说法，媒体也被禁止拍照。于是，众人就不断添油加醋，谣言越传越离谱。最后，他会变成一位大英雄。有那么一天，我可能会走在一条被人恭敬地命名为"巴尔多西街"的街道上，走向现任民主领袖的处决现场。我放弃了，就让匈牙利沉浸在它的虚构世界里吧。[4]

李在布达佩斯度过了圣诞节和新年，与记者和他们的贵族随从在公园俱乐部畅饮、聚会。约翰·菲利普斯特别擅长透过自己的指缝发出尖锐的口哨声。据他回忆，元旦前夜，他透过李的指缝也发出了口哨声，这种事他还是头一回做。然而在轻松愉快的背后，总有悲剧的阴影。李和同事们发现，他们免不了要出手帮助他人，比如设法弄到青霉素，为生病的孩子献血，帮难民解决通行证的问题，或者想办法从监狱里救人。战争不再像以前那样，充斥着英勇的胜利和逆转的战局，大家主要关注的是被战火蹂躏的难民或士兵。如今，无数可怜的平民陷入了极其悲惨的境遇，即便是最麻木的人，也无法不被这种痛苦触动，进而努力去减轻它。

至于他们在这里到处游荡的目的究竟是什么，无论是菲利普斯还是李，似乎都一头雾水。"我这双可恶的脚老是不安分，"李在给戴维的信中写道，"它们叫我停不下来。"李给自己继续旅行找的借口当然是要为《时尚》工作，然而她的账单如潮水般涌来，可用的素材却似涓滴细流般越来越少，这令哈里·约克斯尔颇为担忧。实际上，李只是借助旅行来逃避自我而已。

罗马尼亚成了她的下一处避难所。1946年的1月底，她与切斯皮愉快地告别，和菲利普斯一起乘坐雪佛兰汽车出发。菲利普斯的司机贾尔斯·T.舒尔茨驾驶着一辆老掉牙的吉普车与他们同行。他们一起穿过匈牙利辽阔的东南部平原。有些地方一马平川、茫无边际，地球的曲率使得地平线在他们四周形成了一个近乎完美的圆。汽车宛如昆虫，仿佛在一只悬浮于太空的圆盘上，沿着恣意勾画的曲线徐徐爬行。在罗马尼亚边境上，地面开始起伏，在特兰西瓦尼亚山脉北麓附近，地势变得崎岖起来，森林也变多了。在为《时尚》撰写的文章中，李写道：

> 光线太刺眼了，我用力眯起眼睛，瞧着积雪覆盖的洁白平原和蓝天下的迷人山峦。这里是罗马尼亚，最近的一场暴风雪让大地一片白茫茫。特兰西瓦尼亚这个省份的归属问题有点棘手。每经历一场战

争，它都会被划到匈牙利那一边。眼下，这里是属于罗马尼亚的，就像1938年我来的时候那样。

来到罗马尼亚，我心中狂喜。这里的人民属于拉丁族裔，我能听懂或者至少能读懂他们的语言——只要会讲法语或意大利语，再把词语末尾的"iuls"去掉就行。即便你连读都读不懂，那也没关系，每家商店的门口都绘制了色彩艳丽的图片，图上画着猪排、香肠、帽子、手套、锤子、锯子、犁耙，无论店内出售的是什么物品，都会被画成图。农民会按本地的传统图样编织纺织品，他们会把花束图案绣到羊皮大衣上，甚至还会标明购买日期。在举办集市的镇上，凭借外套上绣的花纹图案和围巾的织法，就能看出某个农民是从哪个村子来的。这里有欢快的音乐，旋律如同他们的服装一样富有活力。这里的风俗也更加奇特。

在炫目的荒野中，看不到任何路标。原先的匈牙利语地名标识已被取下，罗马尼亚语的标识又尚未竖起，叫人根本不知道自己身在何处，我也完全有可能是在苏联，或密歇根州，或南美的巴塔哥尼亚，而不是缓慢行驶在特兰西瓦尼亚的大地上。这里的路况极为艰险，时而覆盖着厚厚的积雪，时而是结冰的弯道，猛烈的大风从路面上席卷而过。夜幕降临时，我们仍未抵达锡比乌——在那里应该能找到旅馆住下。在我印象中，锡比乌是个外表很神秘的小镇。街道上有楼梯，建筑物底下有拱廊，倾斜的屋顶上开着小窗，仿佛无数双窥视的眼睛，带着打量和盘算的神色。我心里正想着锡比乌形似邪眼的窗户，汽车便猛地打滑了，在一条弯道上滑出了老远，驶向错误的方向，最后撞进了雪堆。

根据约翰·菲利普斯的回忆,当时雪佛兰汽车猛地滑出路沿,撞倒了一棵棵小树,最后终于停下来时车身歪斜得厉害。而李只是镇定自若地说了一句:"约翰,我真是太抱歉了。"他们几乎无法挪动车身。一支苏军小队开着卡车,差一点儿就成功地把雪佛兰汽车拖回路面,但最终也只好放弃,因为他们自己的卡车也险些冲到路沿外去了。那辆老吉普车几乎开不动,但他们还是把最值钱的财物塞进了吉普车,然后动身去寻求救援。等他们返回时,雪佛兰汽车的后窗已经被人砸碎,车里的东西被一扫而空。衣服、口粮、地图、汽油,通通被盗走了,更惨的是四个车轮也不翼而飞。他们去了锡比乌,留下几名苏军士兵看守仅剩的汽车车身。

李在文中接着写道:

> 这是一场彻头彻尾的灾难。我终于服下了战争开始以来我一直备着的两片安眠药来强迫自己入睡,但各种补救的念头如鞭子般抽打着我的心,只可惜我当时过于疲惫,再加上腰被方向盘狠狠撞了一下,头还是蒙的。事后回想,有十几种办法可以预防或弥补这场事故:我不该被别人说服,放弃了装防滑链;早就有人警告过我们,不要在天黑后继续开车,我们本来应该在当地警察的地盘上扎营,靠铺盖卷过夜;我不该去想什么锡比乌的邪恶之眼,而是应该集中精力开车;我先前应该把汽油罐和行李卸下来,减轻车身的重量;我应该下车铲些泥土撒在结冰的路面上;我应该把所有行李都装进吉普车;吉普车去接卫兵的时候,我应该留下来守车……讽刺的是,在真正需要想办法的关头,这些方案我连一个也没想起来。等到现在它们一齐涌上心头,唯一的作用就是搅得我辗转难眠。[5]

次日早晨，他们在锡比乌一堆破旧不堪的出租车之中找到了一辆陈旧的雪佛兰汽车。他们以每小时 1.5 美元的价格租下这辆车，把车轮卸了下来。当天稍晚的时候，他们冒着无数风险，付出了艰苦的努力，给他们自己的雪佛兰汽车临时装上车轮，将其开到一家修车厂。李在修车厂里正式丢了这辆车，用千斤顶将其摇起，任其停在垫木上。她在文章里忽略了一个事实：这辆车实际是戴维·E.谢尔曼的财产，并且价值 1 500 美元。数月之后，美军使团的尤金·波普博士给戴维汇去了一笔报废车辆的赔偿金，金额令戴维大为不满——波普博士真诚的努力仅换来了区区 250 美元。

到了布加勒斯特，李寻找的第一个人就是哈里·布劳纳。李上一次跟他见面还是在二战前的伦敦。当时，他带着一个农民组成的卡鲁莎历舞舞蹈团，在阿尔伯特大厅的民俗节上表演。舞蹈团的表演获得了巨大成功，只不过，在他们下榻的肯辛顿旅馆和唐郡山 21 号，排练时震天动地的步法险些让地板毁于一旦。

哈里住在布加勒斯特大学，他之前在一座劳改营被拘押了若干年，险些丧命。最近，他又重新获得了音乐史教授的职位。他有一座巨大的图书馆，里面收藏了许多吉卜赛及民间音乐的唱片，这些唱片能完好无损地保存下来真是奇迹。

在她想象出来的许多疾病中（比如所谓的"淀粉中毒"），李倒确实患有一种疾病——纤维组织炎。她总是过着艰苦的生活，经常席地而睡，让这种肌肉疾病变得更加严重了。她深信不疑的是，只有一种办法能缓解骨骼的疼痛，就是让一头来自喀尔巴阡山脉的舞蹈熊给她按摩一番。她跟哈里一起动身去寻找吉卜赛养熊人，然而由于政府颁发的定居令，以及法西斯对非雅利安人种的迫害，无论是表演跳舞的熊还是吉卜赛人，在这一带都已近乎绝迹。起初，他们在吉卜赛人的聚居地和布加勒斯特的棚户区里

寻找昔日的"狗熊旅馆"。对于这类地方,李是这样描写的:

> 所谓的"狗熊旅馆",其实就是咖啡馆的庭院,是给这些野兽睡觉的地方。熊主人蜷缩在熊身边,彼此依偎着取暖。接待这类顾客的咖啡馆兼酒店一般都没有其他客人入住。
>
> 起初我们一直没找到这个地方,直到哈里·布劳纳动用了遍布各村的小道消息网才终于成功。60千米外,一名公证人是当地仅有的电话用户,据他说,他那个村是一个驯熊中心。我们又雇了之前在郊区搜寻时帮过我们忙的那辆老旧出租车,司机人很好。颠簸的道路令人恐惧,我们轰隆隆地驶入弥漫着神秘雾气的乡野,碾过积雪和车辙,最终抵达一个别具特色的农民社区。这里建的是茅草盖顶、灰泥抹墙的平房,花园已然衰败。向日葵花梗堆积如山,形状就像我在二战前见过的吉卜赛人的帐篷。但如今他们住在房子里,感觉似乎不太对劲。
>
> 这里只剩下一头母熊,不过对我来说一头就足够了……此时我的熊正在睡觉。一堆凌乱的玉米秆中立着一根木桩,熊被铁链拴在木桩上。在严寒的空气里,每一次呼吸,它的鼻孔里就会喷出水汽。它昏昏欲睡,不肯搭理人,还多次向主人龇牙示威。整个冬天一直没生意,所以这头熊已经进入了冬眠状态,眼下要给它重新安排工作,这让它怒不可遏。
>
> 人们给它戴上嘴套,牵到熊主人的房子前面的空地上,它在空地上继续怒吼,直至音乐响起的那一刻。刺耳的横笛声和砰砰的鼓点声促使它像人一般站了起来,它跺着后脚在地上到处跑,随着不同的曲调或独自起舞,或与主人共舞。

几十个拖着鼻涕的淘气包围过来，大声喝倒彩，周围的邻居也几乎全被惊动了，纷纷赶来看一看究竟出了什么事。我本来并不赞成有这么多观众来围观这一神奇的治疗过程，不过即使这样也阻止不了我。

　　他们在冰冷的泥地上铺了一块花里胡哨的地毯，邀请我俯卧在地毯上。好吧，这是我自找的，只能硬着头皮上了！我向哈里演示了一下如何操作我的罗莱弗莱克斯相机。当我把熊的体重从千克换算成将近300磅的时候，心中产生了不小的疑惧。我瞥见了那头野兽长长的利爪，决定还是穿着外套。这件外套是用翻毛羊皮做的本地物件，又厚又硬。反正我也冷得要命。

　　这头熊知道自己应该干什么。它前后爪并用，像试探蛋壳是否会碎一般轻柔地在我背上来回走动。硕大的熊掌摸索着，直到找到了一片不至于被压塌的区域，然后才将重量从一只脚转移到另一只脚上，始终保持着均匀的压力。音乐再度奏响时，它整个站立起来，在我背上来回挪动。这令我既喘不过气，又兴奋不已。我浑身的肌肉不由得随着它的步伐时而紧绷，时而放松，以免被它压扁。然后，人们把它牵走了，又牵回来。这次，母熊面朝另一个方向坐下来，它把它那毛茸茸、热乎乎的大屁股压在我后颈上，然后轻轻挪移着，从我的脖颈到膝盖，再返回来。一开始，我将紧握的双拳垫在锁骨下，以防它突然狠狠给我来一下子。它每挪动一点儿，我就要猛吸一口气，就像在灌满铅水的湖里游自由泳。

　　按摩结束后，我觉得棒极了，血液循环得飞快，身体灵活，充满活力。我发现，我的脖子和肩膀又能用早已遗忘的方式活动了。在"哦，我的背好痛！"的情况下，这确实是一剂解药。

熊主人大为高兴。没有宪兵队颁发的迁移令，他就不敢出门旅行，免得他的熊被扒掉熊皮，他的忍耐获得了回报。我们给他的钱相当于1.5美元，在几个月的旅程结束后，这已经是我们身上仅剩的现金了。一开始他一分钱都不肯要，只请求我们设法解除针对熊的禁令，这样他就可以合法地在全国各地流浪了。我们很难跟他解释清楚，这项禁令属于卫生措施，而吉卜赛人又被视为斑疹伤寒的携带者。虽然不赞成他的想法，而且我们怀疑在早春的流行病季节结束之前，这样的诉求根本不会取得任何结果，但我们还是答应会尽力而为。[6]

在布加勒斯特以北，背靠喀尔巴阡山脉南坡的地方，坐落着罗马尼亚曾经的夏都——锡纳亚。这里有赌场、滑雪场和大酒店，无异于一处度假胜地。几座风格迥异的王宫建在这里似乎特别适合。在规模最大、设计最奇特的那座宫殿里，李受到了国王米哈伊一世和王太后埃列娜的接见，母子俩其实住在附近一座舒适的别墅里。李这样写道：

从前，在所有的咖啡馆和部长办公室里，我都见到过王太后那过度修饰的官方肖像照。肖像照上是一位颈戴珠链、神情严肃的女士，身旁摆着米哈伊十五岁那年的照片，少年眼中闪闪发光。而我实际遇到的是一位优雅、美丽、幽默十足、充满魅力的女性，我对此确实没有做好心理准备。她身穿绿衣，眼拙如我也看得出来，尽管她的耳环与她低调的举止相契合，用的是最简朴的款式，但那对足有鸽子蛋[1]

---

[1] 原文为"ostrich egg"，直译是"鸵鸟蛋"。

大小的珍珠耳环用的确实是真正的珍珠。[7]

李和米哈伊一世相处融洽。李发觉他异常腼腆,但没过多久,李便让他开口聊起了生活中的两大爱好:开跑车和拍照片。他使用徕卡相机,自己动手冲洗和打印,成品令人赞叹。

在距离王宫和度假胜地不远的地方,有一座巨大的美军墓园,其阴郁的氛围与周围优雅的宫殿建筑形成鲜明对比。墓园里已经有800座坟墓,其中大部分都是在惨烈的普洛耶什蒂空袭行动中丧生的航空队士兵。战争墓地委员会的人还在不断扩建墓园,预计最终将有上千美军士兵长眠于此。

在某种程度上,正是在这个地方,李也埋葬了自己身上的一部分。她的旅程回到了起点,与八年前她和罗兰·彭罗斯、哈里·布劳纳一起走过的足迹交会。无论是在身体上还是情感上,她的精力都已消耗殆尽,再也没有别的地方能激起她前去参观的热情。她或许会努力书写关于罗马尼亚的文章,但写出的文字并不流畅。她被日益强烈的恐慌和绝望所困扰,发现自己既不能止步不前,也无法继续前行。由于她当初主动与曼·雷、阿齐兹和罗兰疏远,她已经把自己逼到了这样的田地:若她回头去找他们重修旧好,她的自尊必定会变得支离破碎。经济窘迫的她,很可能重新陷入依赖他人的境地。更糟糕的是,她不得不承认,贝希特斯加登的作品完成之后,她的激情再没有被点燃过,她的职业生涯遭遇了瓶颈。让她得以对自身能力加以掌控和引导的因素已经消失。李心中那些带翼之蛇再次开始欢庆胜利,它们把她逼到了穷途末路。

罗兰·彭罗斯给李写了一连串信件。他一直不停地写信,追逐她的脚步,却从未获得只言片语的回复,这已然令他绝望。要想打听到关于李的任何消息，他仅有的办法就是缠着奥德丽·威瑟斯。他和李曾经互相承诺，永远也不因为对对方的爱而侵犯各自的自由，当初做出这样的承诺时，他心中想要的并不是一堵沉默的高墙。此时，他被冷落了太久，发现自己渴望与另一个女人建立一段长久的关系。他在最近的一封信中坚决地表示，除非最后这封信收到回信，否则，他就认为李再也不会回到他身边了。

假如没有戴维·E.谢尔曼发来的电报，很难讲李是否会对这样的威胁有所回应。凯瑟琳·麦科尔根试图提醒李唐郡山出现了情敌，于是她给身在纽约的戴维打了通电话。戴维通过约翰·菲利普斯追踪到了李的行踪，从纽约给李发了封电报，上面写着"回家"。过了一个多星期，李才回电道："好。"倘若电报也能传达某种语气的话，这封电报流露出的就是彻头彻尾的怨气。

李重返巴黎，一路上主要乘坐火车。凡是以前认识她的人，或者听说过李·米勒倾城容貌的人，看见眼前这个眼睛通红、面容憔悴、状如厉鬼的家伙，都不免大惊失色。她患上了一种怪病：嘴唇上泛起水疱，牙龈持续不断地渗血，脸色苍白得吓人，原本浓密的金发也逐渐稀疏脱落。只要稍微做些精细的动作，她的双手就会因虚弱而不停颤抖。她在巴黎逗留的时间很短，只是去斯克里布酒店取了几样东西，然后便继续往伦敦进发。

李和罗兰很快便破镜重圆，她的对手友好地离开了，她开始努力重拾健康，试图让自己的生活恢复原样。一天深夜，罗兰又在尽力满足她最大的爱好之一：足部按摩。李喃喃地说："亲爱的，真是太舒服了，这让我觉得特别平静。假如曾经有人像这样替希特勒按摩过的话，或许就不会发生大屠杀了。""谁会替他按摩呢？"罗兰怀疑地问。李回答："抹大拉的玛丽亚吧。"

开始撰写关于罗马尼亚的报道时,李又陷入了一如往常的苦楚中。正在赶赴法国的戴维途经伦敦,帮助她从痛苦中解脱出来。没等她写完,他便动身去巴黎了。蒂米·奥布赖恩接手了监督她写作的任务,威士忌和心理安慰双管齐下。这篇文章最终备受赞誉,以巨大的篇幅登载于《时尚》1946年5月刊,并配有十张照片,其中有两张照片占据了整页版面。这成了李那段冒险生涯的绝唱。

1945年。维也纳歌手罗丝·施魏格尔,她身后即"浪漫歌剧的最佳背景"——雷翁波德斯克恩宫(摄影者:李·米勒)

1945年，萨尔茨堡。赫尔曼·艾歇尔的提线木偶（摄影者：李·米勒）

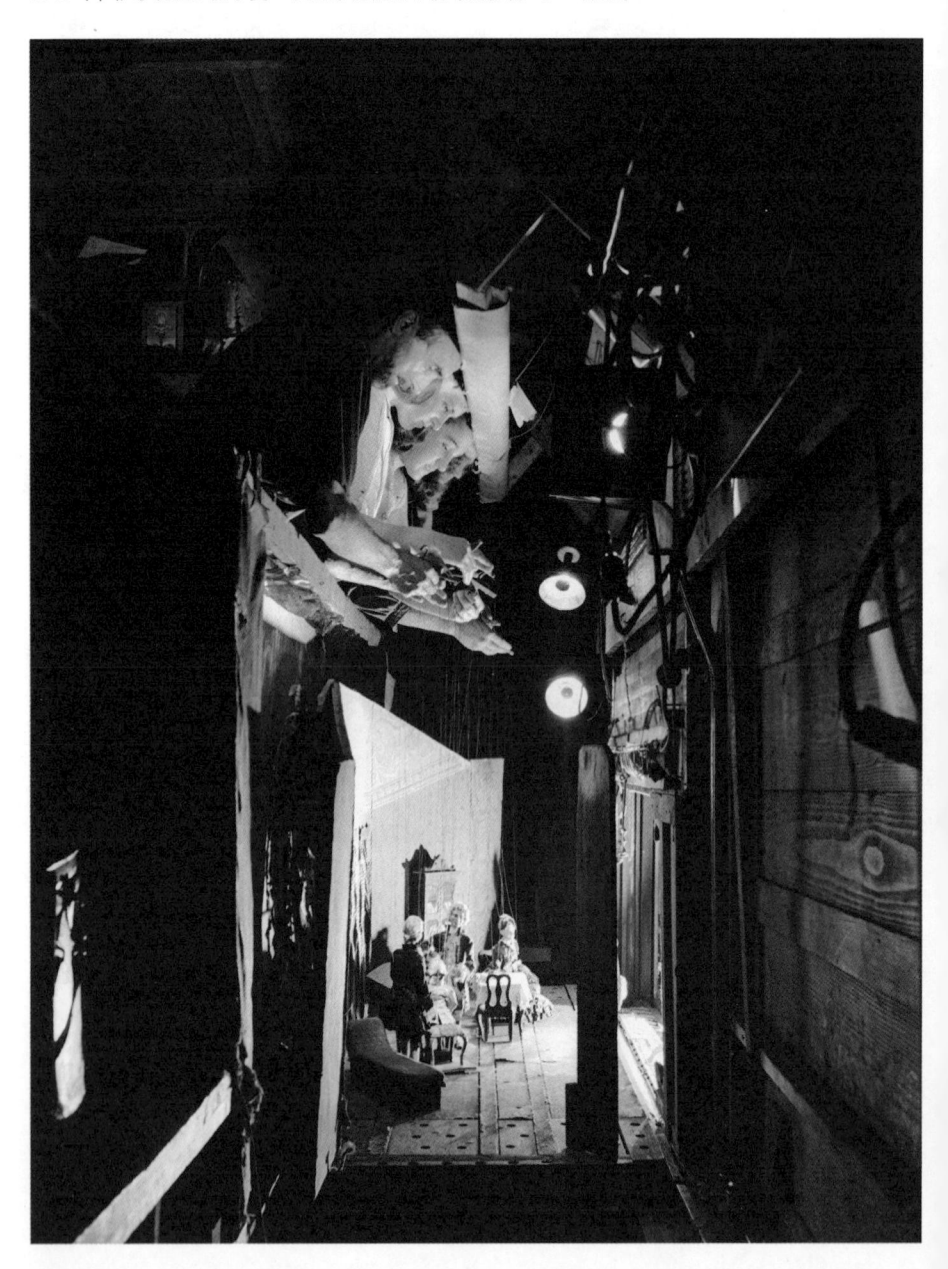

1945年。歌剧明星伊姆加德·泽弗里德在被焚毁的维也纳歌剧院演唱《蝴蝶夫人》中的咏叹调（摄影者：李·米勒）

1945年。维也纳设备精良的儿童医院里奄奄一息的孩子。这里什么都有,就是没有药物(摄影者:李·米勒)

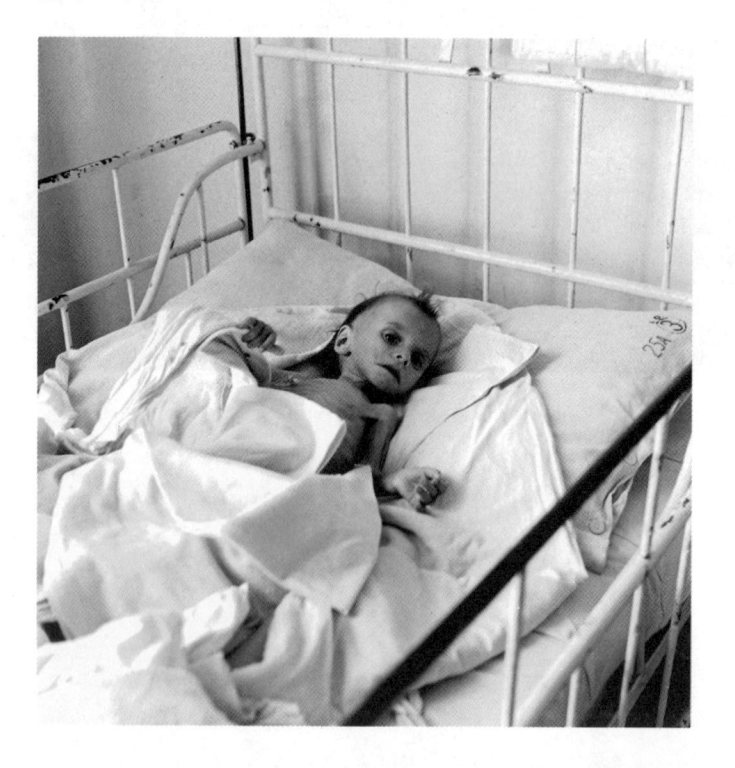

1945年。瓦斯拉夫·尼因斯基与挚爱的妻子萝莫拉在维也纳的合影。由于他身患精神疾病,所以萝莫拉将他藏匿了起来,以免他因纳粹的"仁慈助死"政策而惨遭毒手(摄影者:李·米勒)

《鲜血浇灌的田野》(拾柴的老妇人),1945年,布达佩斯(摄影者:李·米勒)

1945年，匈牙利。无家可归的小姑娘（摄影者：李·米勒）

1945年，布达佩斯。西吉什蒙德·德·施特罗布尔的工作室，"最著名的雕塑家"（摄影者：李·米勒）

1946年。遭到逮捕时,李正在迈泽克韦什德给一位"神奇的老夫人"拍照(摄影者:李·米勒)

《公园俱乐部,布达佩斯社交界的圣地》,1946 年,布达佩斯(摄影者:李·米勒)

1946年,布达佩斯。匈牙利前首相、法西斯主义者巴尔多西·拉斯洛面向行刑队(摄影者:李·米勒)

《锡比乌之眼》,1946 年,罗马尼亚锡比乌(摄影者:李·米勒)

1946年，罗马尼亚锡纳亚的墓园。上千名在普洛耶什蒂空袭行动中丧生的美国陆军航空队士兵安葬于此（摄影者：李·米勒）

1946 年。罗马尼亚音乐学家哈里·布劳纳与民歌歌手马里察，这些鼓里装的是哈里·布劳纳在布加勒斯特大学收集到的民俗乐曲录音（摄影者：李·米勒）

1946年，罗马尼亚锡纳亚，派勒斯城堡。罗马尼亚王太后埃列娜（摄影者：李·米勒）

1946年。一头罗马尼亚的舞蹈熊正在给李按摩。她称其为"唯一能有效治疗纤维组织炎的方法"
(摄影者:哈里·布劳纳与李·米勒)

第十章

带翼之蛇：
汉普斯特德和
萨塞克斯的
婚后生活

1946
—
1956

1946年夏，定期航班服务的开通为李提供了回美国看望父母的机会。罗兰也热切期盼着这次探亲之旅，于是，他们俩在7月份飞越大西洋，来到了美国。

他们的首要安排是乘坐火车沿哈得孙河北上，去波基普西探亲。自从李以阿齐兹的新娘的身份离开家乡算起，已经过去了将近12年。现在，她回来了，正式的身份依旧是埃卢伊夫人，但陪她回家的却是另一位伴侣。李寄回家乡的信件数量稀少，关于她这位新伴侣的情况，家人只能在心中猜测。二战期间，西奥多·米勒在家中帮忙保存了罗兰收藏的一部分画作，其中也有几幅罗兰本人的作品。一想到即将与这些颇具异域风情的画作的作者见面，这一家人充满好奇。这种天然的好奇心丝毫没有影响到李的父母对罗兰的热情欢迎。在他们眼里，罗兰与自己的女儿明显互相倾慕，而李看起来无忧无虑、快乐自在。但欢聚的氛围中仍暗含着一丝拘谨。

当地报社派出了一名摄影师和一名记者，前来报道李的事迹。摄影师让她的家人摆好姿势，正要按下快门时，哥哥约翰的一句无心之言点燃了李的怒火，她怒气冲冲地离开了。突如其来的孩童式发火打破了全家人刻意维持的礼貌表象。最后，看在摄影师的面子上，李被家人哄了回来，但这次事件却让罗兰初次体验到了这家人的相处方式。

在纽约,《时尚》杂志筹备了一场庆祝活动,以向李致敬。为了好好款待来宾,主办方特地在喜来登酒店预订了房间。让李和罗兰失望的是,单身男宾与女宾的客房被严格地分在不同楼层。女宾楼层通向电梯的门口驻守着一个体格健壮的女员工。整整一夜,这个看起来脾气暴躁的家伙镇守在走廊里,坐在一张小桌子后面,以防宾客在夜间游荡。这完全破坏了李和罗兰原先的计划,但遗憾的是,根本订不到别的酒店客房了。

他们向各位朋友询问是否有空房间,却一概遭到了礼貌的拒绝。即便是朱利恩·利维——他要离开市区一段时间——也表示爱莫能助,但他请他们俩过去喝了一杯。那天晚上,他给回到喜来登酒店的二人打了通电话,严肃地说:"我注意到了你们只喝啤酒,还把烟蒂摁在烟灰缸里。如果你们喝的是威士忌,那我肯定不会考虑这件事。你们明显比从前收敛了一些,所以我不在家的这段时间,你们可以住在我的公寓里。"次日,他们便搬了过去。他的公寓很舒适,里面摆满了超现实主义的画作,这让他们感觉宾至如归。

为李举办的《时尚》聚会非常奢华,而且气氛和睦,乘着这股势头,之后又有一连串社交聚会。李和罗兰结交了一些新朋友,其中就有阿尔弗雷德·巴尔。巴尔创建纽约现代艺术博物馆的工作深深启发了罗兰,为他日后创办伦敦当代艺术学院的早期构想起到了重要的激励作用。

马克斯·恩斯特如今和画家多罗西娅·坦宁住在一起,他们已经在亚利桑那州的塞多纳市定居下来,正在那里创建工作室。李和罗兰飞到凤凰城去拜访他们。呈现在李和罗兰眼前的自然景观轮廓厚重、色彩夸张,使人不由自主地联想到马克斯的画作,仿佛这片景色就是出自他的手笔。每到午后,天空都会暗淡下来,闪电如钢叉般刺穿平顶山脉,雷声在峡谷间回荡轰鸣。在这样的背景衬托下,李拍摄了一张照片,马克斯的身影犹如巨人,在构图中占据着主导地位,而渺小的多罗西娅则像个微缩人物,正在对马克斯加以谴责。这一画面仿佛预言了李自身的创作命运。

平顶山地带并不宜居,霍皮族印第安人却在这里过着和谐而俭朴的生活。马克斯和多罗西娅带李和罗兰去参观霍皮人的村庄,他们在平顶屋屋顶上观看霍皮人跳祈雨舞。一队卡其纳神舞者从地下的仪式室中鱼贯而出,他们跺着脚,摇摆着身体,列队行进。舞者的身体和腰布上都画满了夸张的几何图案。领舞者们手臂平伸,手里捏着正在扭动、挣扎的活生生的响尾蛇。他们的面具底下传来催眠咒般的哼唱声,极其摄人心魄,所有人都不由自主地绷紧了肩膀,后颈的汗毛也竖了起来。

这场舞蹈持续了一整个下午,而且似乎还要再持续数小时。马克斯仿佛知道接下来会发生什么,坚持要一行人即刻离开。果然,这场祈雨仪式十分有效。就在他们离开后不久,天上便下起了大雨,其他游客的车都陷进了泥地,完全动弹不得。

在洛杉矶,一场李最珍视的重逢正等待着她。1939年,玛菲和埃里克与李告别,离开了开罗,自那以后,玛菲和埃里克的命运经历了戏剧性的转折。埃里克长期失业,玛菲则感染了一种热带疾病,身体健康遭受了严重的摧残。1941年,埃里克在洛克希德飞机公司谋得了一份摄影师的工作,他们的生活才开始好转。如今,凭借那些完美融合了戏剧性和艺术美的飞机摄影作品,他已经成为一名声誉卓著的摄影师。在李一生中遇到的所有人里,她对埃里克和玛菲的情谊最为深厚、持久,尽管她很少与这对夫妇见面,也几乎不写信联系——这正是她一贯的作风。

洛杉矶到处都是老朋友和新朋友。曼·雷的工作室设在一座庭院里,位于靠近葡萄藤街的好莱坞老区。院里种植着许多棕榈树,盛开着无数鲜花。这里离好莱坞只有几步之遥，气氛却好比一处静谧的绿洲，与他从前居住的巴黎颇有相似之处。1940 年，巴黎被德国人占领后，他便逃离了那里。如今的曼·雷几乎不再碰摄影，而是全身心投入绘画创作。人们意外地发现，他竟然还是一位富有煽动性的杰出演讲者，这份天赋为他带来了更大的成功。

大约就在这一时期，曼·雷迎娶了一位眼若点漆、身姿窈窕的女子——朱丽叶·布劳纳。他们俩的婚礼是与马克斯·恩斯特和多罗西娅·坦宁这一对的合办的，两对夫妇互相为对方作见证。

接下来的三周时间是一阵社交旋风。李和罗兰借住在埃里克和玛菲家中，不停地四处走动，与大家见面。李让罗兰身上最了不起的天赋之一——他的交友能力得到了提升。她合群的特质与他身上那种英国人的矜持既冲突又互补，为他们二人打开了一扇又一扇大门。他们拜访了一些如雷贯耳的好莱坞名流，如格里高利·派克和他的妻子格蕾塔、诗人兼超现实主义收藏家瓦尔特·阿伦斯伯格、斯特拉文斯基、电影制片人艾伯特·卢因，还有录音师迪克·范·黑森。黑森替他们安排了几次参观电影制片厂的活动。李是一位非常称职的专业人士，当然不会浪费这样的机会。无论走到哪里，她都会为《时尚》杂志拍摄照片，不过这些照片从未被公开。

李原本可以轻易地留在美国。当时，新闻摄影行业尚未受到电视市场的冲击，《时尚》、《生活》或《图画邮报》这些杂志正处于全盛时期，李有大好的职业发展前景。然而，全面考虑之后，她觉得自己的欧洲化程度太深，难以在美国定居。何况，与罗兰共同生活也是个颇有吸引力的选择。看起来，他准备在艺术界做点开拓性工作，李觉得这个想法很诱人。

直至 1947 年 3 月，李才再次承接了《时尚》安排的任务。内容是关于时尚和名流的报道，地点在圣莫里茨。这是二战后上流人士第一次涌向那里的滑雪场。雪坡上聚集着形形色色的人物，公主、花花公子和时装设计师混杂在一起。李和《时尚》的作家佩姬·莱利一道乘火车前往。虽然她很高兴又能重新开始工作了，但遇到了意想不到的问题，她在一封难得寄给罗兰的信中写道：

亲爱的：

  用这种方式来告诉你这件事——用不了多久，我就该给一个小人儿编织小衣服了——实在是太浪漫了，这好像是千真万确的。无论是身体上还是情绪上，我都感觉特别奇怪。身体上感觉很沉重，而且昏昏欲睡。晨吐大概与此无关，因为我一直都有这种反应。而在情绪上我异常亢奋。到目前为止，我没有感到不满、苦恼、心态变化或恐慌，只有轻微的惊讶。我太欢喜了。这件事我只好跟佩姬说了，否则她无法理解为什么在工作尚未完成的情况下，我就坚持马上返回伦敦，把她丢在这里，害得她在写第一篇文章时就陷入了困境。她高兴得发疯，对我呵护备至。她居然担心三脚架会对胎儿造成不良影响。我们对那该死的工具太过操心，还老是把它给弄丢，所以我们俩害怕这孩子生下来会长着三条腿。

  跟我说说，你对当爸爸感觉如何？你确定想要宝宝吗？为什么呢？只是有一件事：我的工作间绝不能变成育婴室。用你的工作室怎么样？哈哈。

  亲爱的，我爱你。今晚或者明天，我会打电话到伦敦。

爱你的李

怀孕的日子远远谈不上轻松。3月份，他们搬进了位于唐郡山36号的一座更大的房子里，这对缓解孕早期的并发症毫无裨益。那可是著名的1947年的冬天，是有史以来最寒冷的冬天之一。没铺地毯的地板上有缝隙，寒风呼啸着灌进来。煤依然是定量供给的，能弄到的燃料仅限于街上的木料，以及兜售泥煤的小贩那点少得可怜的供应。罗兰不得以想了个应急办法，就是把旧画框和他那些雕塑的木头底座拿来生火。

随着分娩的日子逐渐临近，李信守的原则开始朝着更符合传统的方向转变。在二战期间，阿齐兹的书信少有能寄到她手中的，而二战后寄到的那些信件总是在恳求她回复之前的信。他的做法并非没有正当的理由，因为他当初无比慷慨，把名下最重要的两家公司的大部分控股权转让给了李。由于找不到李签署文件或者授予他代理权，在一场企图推翻他的董事会权力斗争中，他根本无力抵抗。结果他损失了一笔巨资，李也一样。

虽然不幸破产，阿齐兹对李却没有半分怨恨，刚有了能旅行的机会，他就来到了伦敦。那个月，即便是用超现实主义者的标准来看，唐郡山36号的情况也显得有些不同寻常。瓦伦丁已经到了，傍晚，她会在李的床尾处的一张牌桌旁坐下来，与李、罗兰和阿齐兹共进晚餐。阿齐兹讲的那些故事让在场的每一个人都听得入迷，就像《一千零一夜》里的神奇故事那样精彩绝伦。

阿齐兹对李的深情和慷慨都无以复加，在他们的婚姻期间，他总是把自己力所能及的一切都给了她，此时此刻，他又为她送上了最后一份礼物：她正式的自由。她躺在床上，他站在她面前，按伊斯兰律法赋予丈夫的特权，平静地念道："我与你离婚，我与你离婚，我与你离婚。"就此结束了这段持续13年的婚姻。他们这段关系必定可以算作全世界最奇怪的婚姻之一。

数日后，即 5 月 3 日，李和罗兰在汉普斯特德登记结婚。《时尚》工作室的主管西尔维娅·雷丁和画家约翰·莱克为其证婚，他们俩也是这个简短的结婚仪式仅有的出席者。一枚精美的信封在唐郡山等待着这对新婚夫妇，信封上的文字用的是美术体，用蓝色水彩画作为装饰，收信人的名字写的是"李·彭罗斯夫人"。这个信封出自刚刚与她结婚的丈夫之手，里面装着几张拼写游戏用的纸牌，上面分别印着字母 I、O、U。[1] 此外还有一张方块 A 的纸牌、一颗箔纸做的爱心，以及从书页纸上撕下来的一角，那上面写着"爱你的罗兰"。

怀孕给了李一个绝佳的借口，让她得以放纵自己的疑病症，并在其中融入她特有的幻想。比如说，她坚持要养宠物。她最先喜欢上的是蝾螈——一种模样令人作呕的水生蜥蜴，长得就像一根泡在水里的阳具。接着，她又非要养刺猬不可，而且不仅仅养一只。李打发罗兰到乡下去找，还威胁说，除非他带回来完整的刺猬一家子，否则他们的孩子出生时就会浑身长满尖刺。幸亏有位友好的猎场看守帮忙，罗兰回家时，篮子里装了一窝刺猬。李虽然一开始很高兴，却很快意识到刺猬们是在受罪，于是罗兰又不得不跑到汉普斯特德荒野公园，把刺猬们放生。

刺猬一定带来了好运。1947 年 9 月 9 日，李在伦敦诊所通过剖宫产顺利生下了一个健康的儿子。孩子被起名为安东尼·威廉·罗兰·彭罗斯，小名"托尼"。起初，因为他长得像个拳击手，所有人都管他叫"布奇"，不过后来李坚持让大家叫他"托尼"。她解释道："我不希望他长大后变成一个暴徒。"就这样，特别讨厌孩子的李成了一位母亲。孩子出生数日后，暂时住在唐郡山的保罗·艾吕雅弄来了一大块胶合板，在上面画

---

[1] 与英文"我欠你的"（I owe you）同音。

了两个形似鸟儿的形象：一个身形较大，轮廓优美，摆出呵护的姿态；另一个矮小稚嫩，宛如雏鸟。他在下方用法语写道：

今日，李的美。
安东尼，
这是你床上的阳光。

保罗·艾吕雅

刚刚成为母亲的最初几周，李总是兴致勃勃，因为她在疗养所的病床上俨然成了众人瞩目的焦点。她在《时尚》1948年4月刊上这样描述道：

在我眼里，白色的床就是安全的象征。一长排高高的白色床铺，由一名身穿挺括白衣的护士照看着，这无异于我的天堂。不过，在受伤或恐惧时，人们对安全有着不同的想象：有些人想独自一人悄悄溜走；有些人渴望母亲的陪伴；有些人看见不熟悉的东西就会感到惊慌，梦想着待在家里，被熟悉的物品、声音和日常生活安慰。

我想拥有一座安全的白色岛屿，却不希望这座岛被严酷的海洋包围。几个月前，疗养所的护士长给我寄来了一份打印的清单，标题上用横幅广告上那种字体赫然印着"请随身携带配给票"，末尾处则写着"请准备好婴儿的所有衣物，尤其是尿布，全部要做好标记"。在这两行字之间，没有任何魅力，没有那些用缎带束起的梦，一切看起来都不够小巧、柔软。只写着"四件羊毛外套和睡衣、两件胸衣、安全别针、襁褓、童帽和绉布绷带……"清单上有一半的物品都被划去，以适应最低配给量的限制。清单上既没有提到蓝色或粉色的装饰品，也没有说及毛绒大象玩具、相机胶卷，更别说给探访者准备的杜松子酒，甚至连一本书都没有。而这些东西在接下来的两周里本该派上用场，毕竟在这段漫长的时光中，能与你交谈的不是家人就是某位陌生人。

文章里接着提到了关于化妆、衣着、大波浪式烫发的各种小窍门。还写道："记得给手肘涂抹润肤油，否则两周下来，你的手肘在床单上磨得都能当指甲锉用了。"李在结尾处提出了如下建议：

当有朋友说："亲爱的，你已经有花了，你好像什么也不缺，我该给你带点什么好呢？"那就抛开你心里所有的腼腆，在下面这张清单里挖掘一番吧。每次开口提要求的时候，顶多只奢求一样东西：

番茄酱、伍斯特酱、辣根酱、货真价实的蛋黄酱——在医院提供的饭菜上浇点这些调味酱，简直能创造奇迹。

熏鳟鱼、鹅肝酱、红（黑）鱼子酱、一罐雀巢咖啡、炼乳、无数罐葡萄柚汁或番茄汁、糖块、柠檬、胡椒粉、自制饼干、配法国沙拉酱的新鲜蔬菜沙拉、搭配巧克力酱的塞尔福里奇百货公司的冰激凌、一个不断供应冰块的大口径保温瓶。此外，从伊丽莎白·雅顿美容室请个姑娘来给你做面部按摩，别忘了向洗衣房预约洗尿布的服务。

还有，这下你的好机会来了！不妨向收藏家大胆开口："把你收藏的毕加索或萨瑟兰的画借给我，让我在墙上挂两周如何？"朋友很难拒绝这样的请求。有了这些画，你的房间会变成一座宫殿，护士们照顾你的时候也会殷勤备至，仿佛你是个不被小心照料就容易暴躁失控的病人。

最后,如果你不希望所有来探望你的人都趁着营业时间跑到最近的酒吧去,那就别忘记杜松子酒。

回到唐郡山,远离了天堂般的伦敦诊所,再也没有成群的护士随时响应她的要求,李身上的母性本能很快便开始消退。幸运的是,家中的安妮·克莱门茨接手了照顾托尼的任务,并且对他极尽宠爱。有安妮帮忙,李得以恢复自由,重新开始工作,她接手的第一份重大任务是报道威尼斯双年展。她的文章刊登在《时尚》1948年8月刊上,可谓直抒胸臆,既有幽默的家常闲谈,又有睿智而犀利的观察:

青年奖得主古图索是位不拘小节但魅力四射的罗马人,他创作的主题包括伐木工、洗衣女工,以及点缀着鸟儿的风景。他将抽象主义与社会现实主义相结合,笔下的色彩洋溢着浓郁的乡野气息……青年雕塑家奖颁给了维亚尼,这位才华横溢的威尼斯艺术家以解剖学视角处理大理石,创作出令人惊叹的抽象作品——它们仿佛肥皂泡般从底座轻盈地升腾而起,引人入胜。他是个一本正经的年轻人,与勒内·克莱尔有几分神似。

最热情洋溢的评论留给了亨利·摩尔:

在获得最佳外国雕塑家奖及50万里拉奖金的消息公布之前,他已经动身去了伦敦,途中他在佛罗伦萨逗留了一周时间,在威尼斯也待了几天,布置他的作品。这位体格健壮的艺术家四处漫游,举止严谨朴实——与拉丁裔大不相同。在与意大利艺术家和评论家交流时，不善言辞的他学着意大利人的方式，用手势来表达那些难以言表的想法，再由他的追随者加以诠释。他喜欢阳光、"美国佬"鸡尾酒（一种用苦艾酒和苏打水调配的饮品），还对圣马可大教堂右侧那组青铜雕像情有独钟。

1948年夏，西奥多和弗洛伦丝首次造访英国。弗洛伦丝为人一直十分诚实，但女儿笔下与战后配给制有关的那些故事深深触动了她，于是她违背了海关规章，偷偷带了许多长筒丝袜入境，还把丝袜折叠起来，夹在书页中蒙混过关。

到了唐郡山，小外孙成了老两口关注的焦点，恰好就在这时，这孩子头一次学走路，摇摇晃晃地从西奥多的怀抱走到弗洛伦丝的臂弯，看得李欢喜不已。罗兰带着他们俩去远处游览，发现他们对什么都感兴趣，因此不难取悦。不用说，最成功的几次旅行中都特意安排了桥梁等工程景点，好让西奥多一饱眼福。即将离开英国时，西奥多把罗兰叫到一边，一本正经地说道："罗兰，弗洛伦丝和我把每件事都认真考虑了一下，我们希望你知道，这一切远比我们预想的要好得多。"

一直以来，罗兰都渴望着当个农夫。起初，他希望成为爱尔兰的诗人兼农民，但因为他在伦敦艺术圈已深耕多年，这个梦想难以实现。于是他转而开始在英国东南部寻觅农场。由于航空旅行依旧价格高昂，安全性也欠佳，农场的选址必须靠近通往英吉利海峡的轮渡码头。而且他知道自己永远也不会彻底隐退乡间、不问世事，所以农场必须交通便利，方便往返伦敦。尽管市面上有不少地产可供选择，但他始终找不到称心如意的，直至哈里·约克斯尔的几位朋友向他推荐了法利农场。它坐落在一座小村庄里，这村子有个招人喜爱的名字——"马德斯格林"[1]。2月里一个阴冷的日子，罗兰和李一起参观了这处地产，两人都深深为之倾心，几天后便在拍卖会上将其购入囊中。

一座与世隔绝的宽阔宅邸屹立于此，西面和南面是120英亩绵延的草地。宅邸一派萧瑟，似乎无甚特别的，而罗兰立刻看出了这里的改造潜力。他要在南面新增数扇窗户引入充沛阳光，还要扩建厨房并营造一座恢宏的花园，这些都是第一批改造项目。宅邸墙面开阔，足以悬挂他日益丰富的画作收藏。等到罗兰和李下次再来时，眼前的景象令所有人惊叹：明媚的阳光照耀着农场以南约十英里处的南唐斯丘陵的全景，其中最引人注目的要数巨大的威尔明顿巨人像[2]，宛如祥瑞。接下来若干年的生活印证了他们最初的直觉。从宅子望去，仲夏日中午时分，太阳正好悬于巨人的头顶；而在仲冬日夜晚，气势恢宏的猎户座中浮现出一位比巨人像更壮观的太空巨人[3]。这对夫妇坚信他们正受到某种神圣力量的庇护。

罗兰十分明智，承认自己对务农一窍不通，深知唯有借助专家之力，方能将心中那片郁郁葱葱的田野和膘肥体壮的牛群变为现实。机缘巧合之下，他聘请了彼得·布雷登担任农场经理，并妥善留用了多数农场原有的员工。要将花园的构想付诸实践，同样需要专业人士鼎力相助，才能在威尔登寒冷而坚硬的土地上打造一处宜人的幽居胜地，并让新植的树木环绕在宅子周围。怀特爷爷堪称乡野智者，他和弗雷德·贝克一起投身于这项任务，耗费数年时间，最终得以成功。女管家兼厨娘葆拉·保罗是一位朴

---

[1] 原文为"Muddles Green"，"muddle"有混乱、杂乱之意，与"green"（绿地）组合在一起，形成了一个富有乡村特色的地名。

[2] 又称"威尔明顿长人"，是英国南部东萨塞克斯郡威尔明顿附近一处山坡上一个神秘的巨大人形图像。

[3] 猎户座即得名于希腊神话中喜爱狩猎的巨人俄里翁。

实无华的爱尔兰女子，心地善良。安妮·克莱门茨退休后，葆拉便引荐了自己的女儿帕齐·默里前来照料托尼。

农场员工的人数一下膨胀到了维多利亚时代的水平，不过由于与生俱来的社交才能，李可以把这座宅子里的人都当作一家人对待。这并非在呼应当时流行的左翼观点，而是因为她天生待人友善，超越了阶级和地位的桎梏。无论状态是醉酒还是清醒，无论心情是愉悦还是恶劣，她的友谊中从不会夹杂傲慢。

李立即对花园产生了兴趣，只不过，她将自己的角色严格限定为监督者。她悄悄啃完了好几本有关园艺的大部头书籍。凭借新获取的知识和科学的态度，她很快便成了一名令人尊敬的专家，甚至能与奇丁利园艺协会的女前辈一较高下。

然而，李在心血来潮之下推动的"自给自足"计划就没那么成功了。一开始她下定了决心，务必要用自家产的牛奶来制作黄油，于是购买了最新的搅乳器。大家小心翼翼地把大量奶油和牛奶灌进了搅乳器内，满怀期待地转动手柄。若干小时过去了，手柄已经被摇了不知多少圈，大家筋疲力尽，但搅乳器里的混合物丝毫没有变成黄油的迹象。"该死！"李骂道，"我要把这玩意儿退回店里去。"谁也没有来得及想象李拖着灌满腐臭奶油的设备返回哈罗德百货公司。因为就在那一瞬间，搅乳器里的东西都变成了黄油。虽然试验成功了，但他们再也没有自制过黄油。

接下来的尝试将更加艰难，而且场面无比混乱。在妇女协会的帮助下，他们将选定的几头猪送去屠宰，然后对猪进行切割以便腌制。后厨的场面简直无法形容。在李的要求下，屠宰场把所有内脏都送了回来，因为她已将这些东西的用途安排妥当。这项工作从早晨就开始了，似乎永远也干不完。人们为了做好心理准备需要喝上几杯威士忌。没过多久，盛着内脏的桶就被踢翻了。等到下午，李已经受够了，便离开后厨打盹儿去了，让帕齐和葆拉留下来接着干。死去的猪似乎在报复他们——盐水的配方出了问题，猪肉几乎全部腐烂了。

据李自述，与罗兰结婚的头几年是她一生中最幸福的时光之一。她同时享有了安全感和自由，随着新成立的伦敦当代艺术学院的迅猛发展，她还享受着与罗兰并肩在现代艺术前沿作战的兴奋感。早期取得成功的项目有"现代艺术四十年展"，后来他们在1949年又举办了"现代艺术四万年展"，展示了所谓的原始艺术对彼时的毕加索、亨利·摩尔、米罗、赫普沃思等众多艺术家的影响。李为这次展览撰写了一篇富于洞察力的文章，展现了她的博学多识。文章刊登在《时尚》1949年1月刊上。她写道："这场展览值得细细品鉴，直至你的双脚因长时间站立而过于疲惫。那时你会感觉大脑已经充盈到极致，甚至感到晕头转向。"

接下来，她乘坐英国海外航空公司的水上飞机，去西西里旅行了一次，同行的还有三名模特、一名助理、一名时尚总监，以及堆积如山的设备。《时尚》杂志与航空公司事先达成了协议，后者为他们提供免费交通服务，以换取在时尚专题中的正面评价。因此，报道文章虽然占据了长达十页的惊人篇幅，却理所当然地只字未提恼人的延误，以及旅途中的种种不如意。只有在底片里，才能看出麻烦在不知不觉间向李悄悄逼近的证据。文件里包括上千张底片，显而易见，拍摄过程非常艰难——这倒不是因为姑娘们或者服装有什么问题，而是因为李难以一直保持兴趣。

在伦敦，李早已确立的名声让她在自己所处的领域里保持着稳固地位，但这种日常工作让她感到崩溃。在她的密友卡尔·H.戈德曼医生面前，她哀号道："我的心情太郁闷了。"卡尔则果断回应："你什么问题也没有。我们总不能只是为了让你保持兴奋，就让世界永远打仗吧。"

各种任务如同潮起潮落,来了又去。在一连串没完没了的服装拍摄工作中,唯一让她感到欣慰的是诸如"伦敦聚光灯""小说新作家"这样的专题任务,这些工作让她能够与艺术、文学和戏剧界的新老朋友接触。随着李对工作的投入越来越少,唐郡山的宅邸内景成为照片背景的次数也就越来越多。技术层面上,她拍出来的成品质量始终很好。问题不在于相机,而在于相机背后的人。对所有相关人士来说,幸运的是蒂米·奥布赖恩仍愿意承担起确保李按时交付作品的责任。

有篇文章无须催稿,李就按时写完了,这篇文章刊登在《时尚》1951年11月刊上,报道的是毕加索的七十岁大寿。伦敦当代艺术学院专门举办了一场展览,以此来庆祝他的寿辰。在赴英参加谢菲尔德和平会议期间,毕加索曾与李和罗兰住在一起。不过在展览开幕前不久,他就已经离开了。文章里写道:

> 如果毕加索想成为那种"老前辈",那他最好现在就开始准备,因为前辈的做派需要经过相当程度的练习。他才刚至古稀之年,尚未具备老前辈身上的典型气质。老前辈们应该过着一种隐退江湖的生活,他们难以相处,体弱多病,从不亲近他人。他们年轻时的奋斗、反叛、不安定和挥霍令人难以想象。假如还在工作的话,他们应该表现得很有风度,将受世人尊崇的昔日风格延续下去。毕加索大概是做不来这样的人的。

文章接下来提到了李、罗兰和托尼在一年前一道前往毕加索家中的情形。毕加索的家位于法国圣特罗佩附近的瓦洛里斯。当时,罗兰要为伦敦当代艺术学院举办的展览挑选作品。保罗·艾吕雅恰好也在,这可真是一次绝妙的巧遇,他们遂将这次旅行延长了几天,好去参加保罗·艾吕雅和多米尼克·洛尔的婚礼。在市政厅的结婚仪式上,毕加索和弗朗索瓦丝·吉洛当见证人,李负责拍照。仪式结束后,毕加索邀请他们一行人共进午餐,托尼和毕加索的司机马塞尔也来跟他们会合,午餐地点就在镇上一家老旅馆的庭院里。

李发挥了自己独特的天赋,让博学多才之士与普通人打成一片。她继续为我们描绘了毕加索的私人肖像,呈现了这位艺术家的风貌和他的生活方式:

> 毕加索不是在收藏,他只是从来不扔东西而已。每件物品在他眼里都具有某种他不想失去的美或意义。甚至就连我用过的闪光灯泡——这些灯泡曾引起他的兴趣——也依旧摆在楼梯旁边的角落里。六年前,在巴黎大解放的那周,我把闪光灯泡留在了这里,它们至今未挪动过位置。如果某间工作室或公寓变得过于拥挤(哪怕是对他而言),他就会把那里锁起来,换个地方重新开始。他在瓦洛里斯的房子肯定已经快塞满了。我很好奇,再过五年,我是不是又会在这里发现一些他在近日的英国之旅中收集的东西。除了氢溴酸东莨菪碱(一种治疗晕动病的药)和布赖顿的英皇阁的明信片,还有一顶他本人和他儿子都戴过的鸭舌校帽、一只伯恩维塔牌饮料的塑料杯(上面画着头戴睡帽且睡眼惺忪的男人)、一张罗兰的姨婆普丽西拉·汉娜在1875年巴斯和平会议上的照片,以及一辆红色的伦敦公交车玩具。

旅英期间,毕加索曾先后两次居住在法利农场。

我们家的农场位于萨塞克斯，毕加索觉得这里的一切都颇具英国风味。唐斯丘陵的上方飘着康斯特布尔画中的云朵，它的周围则包括看起来一本正经的威尔明顿巨人像、靠左行驶的车、红白花色的爱尔夏牛、开放式的壁炉、临睡前饮用的威士忌加苏打酒、热水瓶、烹好的早餐和茶。还有装在罐子里的圣诞布丁，上面点缀着冬青枝，淋上酒后用火点燃，这真是极具英伦风情，让人感觉不可思议。

我们三岁的儿子托尼高兴坏了。他和毕加索成了好朋友，两人互相交流自己的秘密，搜寻蜘蛛网和种子荚这样的宝贝，打打闹闹，一起欣赏绘画。在托尼幼时的词汇表里，"绘画"（picture）和"毕加索"（Picasso）是同义词，我觉得这是因为罗兰和我在提到一幅画的时候交替使用了"绘画"和"毕加索"这两个词。在英语里，这两个词开头的三个字母是一样的。后来他才明白，就像爸爸和他自己一样，毕加索是个人，还会画画。"绘画"这个词还等同于克拉克斯顿、马克斯·恩斯特、克莱和布拉克这些画家。虽然我不知道他指代他们时用的又是什么称呼，但自然主义或异想天开的插图，以及照片，都不算"绘画"。

毕加索和托尼在这方面立刻达成了共识，带有插图的书籍——尤其是《农民周刊》——成了他们神秘的共用语中拿来澄清某些误解的工具。直到最近，我才醒悟过来，毕加索对英语的掌握程度比他本人承认的要好上许多。这才能解释这一老一少之间的和谐，他们经常会窃窃私语。

而打闹是没法悄悄进行的。毕加索和托尼在尖叫和咆哮声中挥舞着拳头互捶。无论是在这里，还是在法国，每次见面，他们都会上演新的戏码：躲在沙发后面咯咯笑着伏击，像公牛一样咆哮，以及用西班牙语欢呼喝彩等。从拧耳朵、抬腿踢发展到拿牙咬，暴力逐渐升至高潮。毕加索回咬得很凶——"咬人的被咬了"，他用英语说着。在短暂的惊愕和沉默后，他又用法语说道："想想看吧！这可是我这辈子咬的第一个英国人！"

我想不出毕加索为何要忍受这种"陪练伙伴"的折磨，除非是为了以后更好地陪他本人的小儿子克劳德。克劳德是个活力四射的家伙，只有在父亲剃须的时候才肯安静片刻。毕加索会表演一种"儿童节目"，他从喉结到头顶都涂满了肥皂泡，只剩一片吓人的白。然后，他用指甲在肥皂泡里像犁一样耙过，露出底下的棕色皮肤，画出小丑般的面容。他继续玩着，用画笔涂抹，拿手指雕刻出上百种微妙的表情，直到他的观众笑得前仰后翻，跌进浴缸。

托尼至今仍沉浸在毕加索营造的氛围中。他讲述着一些完全真实却荒诞不经的故事，讲他和毕加索在圣特罗佩的所作所为，讲深海潜水员，讲在枪炮声中行进的队伍，还讲毕加索送给保罗·艾吕雅的作为新婚礼物的花瓶——"比他自己还高，上面还有没穿衣服的快活女士"。他头戴贝雷帽，脚蹬圣特罗佩拖鞋，打扮得跟他的偶像一模一样。现如今，他给自己所有的古怪行为都找到了一个借口："他们在法国就是这么做的，就像毕加索。"他把面包蘸进汤里，吃冰激凌的时候非要手里托着碟子，还要背对着桌子——"就像毕加索"。而毕加索之所以要这么干，是因为假如不这样，他就无法欣赏港口美景和路过的漂亮姑娘。

做得不错，"老前辈"。生日快乐，毕加索！

法利农场很快展现出了持久的艺术大会的氛围。李和罗兰二人都特别喜欢款待客人。对他们而言，朋友的陪伴带来的满足和刺激是无可比拟的。艺术至关重要，它必须融入生活，并能够与人分享，否则就变成了学究气的死物。他们俩都喜欢营造一种气氛，让全新的构想和事物得以在其中孕育，而愉悦的周末聚会也是这一想法的产物。

有些人成了常客，比如蒂米·奥布赖恩和她的丈夫特里，还有伦敦当代艺术学院的汤米·劳森和她的丈夫阿拉斯泰尔。美国艺术家比尔·科普利来做客时，村里的礼堂正在举办舞会，他认为自己正是当地民间传说中所谓的"绿人"，便用常春藤做成花环戴在头上，热情洋溢地向当地少女求爱。威廉·特恩布尔用金十字汽修厂的焊接工具制作了风向标的雕塑，并将其安装在鸽舍的屋顶上。奥德丽·威瑟斯如今嫁给了摄影师维克托·肯尼特，她带着一只篮子来了，篮子里装着一对鸽子，她准备让它们入住这个独一无二的住所。"噢，可千万别让妈咪看见。"托尼恳求，"她会直接把它们关进冷库的。"在纽黑文，各种怪人的到来已经成了司空见惯的事。让·迪比费乘坐渡船跨越英吉利海峡而来，他上岸那会儿连一个英文单词都不会说，出租车司机就直接把他送到了法利农场。

当地人饶有兴趣地观察着，他们津津乐道于这里发生的怪事。比如草地上的裸体舞蹈，夹杂着激烈争吵的笑声，墙壁上难以理解的图画，花园里的怪异雕塑，身穿异国装束、用外语喋喋不休的人。曼·雷是为数不多的几位被认真对待的游客之一，因为他曾和休·韦尔登一起在英国广播公司电视台的《展示屏》节目中露过面。

李心里清楚她的家庭生活的不同寻常之处。她很喜欢自己女主人的身份，尤其是在有帕齐和葆拉给她帮忙的情况下，因为她的创造力离不开对"同伙"的折磨。曼·雷曾说，与他认识的任何人相比，李不论投身于什么活动，都能给别人制造更多的工作量。对她而言，眼看着别人坐在那里无所事事简直无法忍受。她坚决要求他们在她的指导下参与进来，她还发挥强大的创造力，拟订各种方案，好让每个人都保持忙碌。在《时尚》1953年7月刊上，她发表了一篇文章，题为《干活的客人》，文字犀利而坦诚，或许会被人误当作某种标新立异的幽默表达：

> 出版刊物上不乏专家撰写的充满提示和建议的文章，奉劝客人和女主人应当如何彼此宽容以待。这类文章常常把主人和客人都描述得太过梦幻。文中提供了计划和菜单，旨在帮助单枪匹马的女主人轻松地招待客人，也试图重现昔日的美好，让客人放松地享受不动声色的服务。更多时候，这些文章输出的是各种教诲：身为主人的夫妇要预先演练，并像童话里的小精灵那样在客人身边轻快地"飞来飞去"，默默完成各种杂活。有一篇文章抱有极为正统的所谓"雅致生活"的观念，讲述的竟是当客人主动提出要在家务劳动中施以援手时，主人应当如何婉言谢绝。
>
> 这既不是我想要的，也不符合我的行事方式。我耗费了四年时间来探索和实践，好让我的朋友共同完成所有的工作。从柴火堆到阁楼上的水箱，从椅子套到腌制的猪肉，甚至冰柜里的食物——几乎每样东西，无论是看得见还是看不见的，都留下了客人的劳动痕迹。
>
> 由于大部分客人整个上午都在呼呼大睡，午餐后我又习惯小憩，所以就需要预先筹划好如何密切配合，以便让大家投身于劳动之中。客人登记簿旁边摆着一本重要的相册，里面不见"开心假日"的照片，比如悠闲的客人戴着太阳镜、嗅着鸡尾酒的芳香这类画面，反倒容易让人想到苏联工人宣传片的剧照，人人都在忙碌地干活——"从劳动中获取快乐"。

这本"愉快的劳动者"相册旨在向新来的客人和不善体力活的人灌输信心。在相册里，他们能看见笨手笨脚的朋友干着技术含量很高的活儿。相册还展示了各种劳动项目，并建议大家应该在社交活动中排斥不劳而获的"寄生虫"和静坐的"罢工者"。

李接着介绍了一些窍门，诱哄别人来协助涂刷油漆、装饰房间、打理花园、缝制窗帘，或者修建水池。虽然略有夸张的成分，但客人奋力劳动的照片为读者提供了牢不可破的佐证。镜头里，纽约现代艺术博物馆的馆长阿尔弗雷德·巴尔在喂猪；索尔·斯坦伯格在降服花园里的橡胶管，化身为他本人笔下的漫画人物；亨利·摩尔与他制作的雕塑抱在一起；雷纳托·古图索头戴厨师帽，正兴致勃勃地烹饪食物；时尚编辑欧内斯廷·卡特手持注射器，往一把古董椅内注射灭虫液；皇家艺术学院的教授玛奇·加兰（阿什顿夫人）仪态端庄地将干墨角兰磨成粉；薇拉·琳赛（巴里夫人）咬着一把小刀，双手抱着一个南瓜，这是她的战利品。文中最后一张照片正是李本人：她躺在沙发上，酣然入睡。

《干活的客人》是李为《时尚》撰写的最后一篇，也是她人生中的倒数第二篇文章。写作已经变成了一种会给她带来巨大伤害的过程，她为之产生的焦虑有将罗兰吞没的风险。罗兰悄悄给奥德丽·威瑟斯写信："我求求你，请不要再叫李写文章了。写作给她本人和她身边的人带来的痛苦根本是无法忍受的。"另一边，奥德丽早就意识到，采用李的作品会带来许多困难。李的作品特色过于鲜明，杂志甚至需要做出某些调整去适应她，而不仅是刊登一下就行。此外还有交稿截止日期的问题。但最困难的还是找到让她足够感兴趣的任务，只有这样她才肯动笔。如今，奥德丽麾下人才济济，她能继续采用李的作品实乃不易。最后，是李本人决定就此封笔，不再写作。原因很简单：她再也想不到什么非说不可的话了。烹饪正在成为她又一项专长。她对烹饪的兴趣不难理解，比起把自己和打字机捆在一起相互折磨，烹饪的社交属性要强得多，远不像写作那样孤独。

虽然法利农场的日子相当和谐，但李最幸福的时光依旧是在伦敦度过的。唐郡山的宅邸已经出售。工作日期间，李和罗兰就住在肯辛顿的小公寓里。狭小算不上什么缺点，因为托尼不上学的时候，他都是跟帕齐一起高高兴兴地待在法利农场。公寓由埃尔莎·弗莱彻照看，她是个和蔼可亲的女人，寡言少语，对李忠心耿耿，李也很喜欢她。这间公寓是李的庇护所，埃尔莎则是她的知心密友，也是给予她同情和理解的重要精神支柱。

到 1955 年，李陷入了一种恶性循环，这险些要了她的命。托尼出生后，她突然发现，自己再也无法从性生活中获得任何乐趣。她的美貌也在迅速逝去——皱纹日渐增多，眼睛也浮肿起来。她的头发变得稀疏枯萎，失去了往日的光泽。脂肪不断堆积，使她的身材变得臃肿而笨重。更令人唏嘘的是，曾经被人称赞"衣着时髦"的她，迅速沦为了一个懒散之人。在各种时尚晚宴上，她总是一副不修边幅的模样，要么外表邋遢，要么衣着毫无美感可言——有时是短袜配过膝裙，有时是宽松裤子配不合身的西装外套。在年华老去带来的所有变化中，对李伤害最深的仍是昔日的红颜不再。她选择去做痛苦的拉皮手术，戴上了并不合适的假发。

而另一边，罗兰的事业蒸蒸日上。伦敦当代艺术学院正在改变英国当代艺术的风貌。一次又一次的成功接踵而至，赞誉从四面八方向他涌来。最令人称奇的是，岁月的流逝不但没有带走他的魅力，反而让他的外表愈加迷人了。

这一时期，李所选择的戒烟方法造成了更多的麻烦。从前，她习惯了每天抽上几十根烟。她有本事同时点着好几根烟，任其在烟灰缸或家具边沿上慢慢燃烧。令人难以置信的是，这种吸烟方式从未把房子烧光。一天夜里，在特罗卡德罗附近的安娜餐厅，正抽着烟的当口儿，她忽然宣布要即刻戒烟。接下来的一年多，她经历了严重的戒断反应，生活对她和身边的人来说宛如地狱。

李变得难以相处，这完全不足为奇。她动辄与人争吵，她身边最亲近的那些人首当其冲，成了她怨恨、谩骂的靶子。她和托尼之间开始了猛烈的争斗，谁也不会错过任何一个抨击对方的良机。双方都清楚对方的软肋，每次都能戳中痛处。鸡毛蒜皮的琐事就会引发争吵，双方都毫不留情地步步紧逼。这样的结果就是托尼把孺慕之情都寄托到了帕齐身上。滥饮威士忌更是加剧了李身上的问题，让恶性循环愈演愈烈。李酗酒是因为缺乏被爱的感受，而喝酒又成了别人不爱她的理由。

罗兰难以理解这场危机，因为李小心翼翼地不让任何人有机会看透她。她沉浸在自己的痛苦里，将这场漫长的自我折磨化为近乎享乐的沉溺，并把怨恨发泄到身边所有人头上。

1954年，出版商维克托·格兰茨委托罗兰撰写《毕加索的生活与事业》。这件事让李又一次深受打击。"老天，你怎么会有写作的本事？"她说，"你连拼写都不会，就算是要命的时候都写不出来！"真正刺痛她的，是她意识到自己的才华正在迅速消逝。罗兰接受了驻巴黎的英国文化教育协会美术总监的职位，这件事唯一的后果就是让她深陷消沉的情绪。罗兰常驻巴黎时，他们住在借来的豪华公寓里，无休无止的预展和聚会构成了他们的社交生活。十年前，这样的生活会让李欢天喜地，可是如今，她对此深感厌恶。她有生以来头一回觉得自己成了他人的附属物，失去了对自身命运的掌控。现在，即便是在巴黎，舞台的中心也属于罗兰。

在这场生活的风暴中，风暴眼是一段风流韵事——罗兰爱上了空中杂技演员迪亚娜·德里亚。迪亚娜以前是保罗·艾吕雅的密友，艾吕雅曾经以英法双语写下这样的文字：

> 我爱上了一位旅人，
> 她拥有自己的太阳，
> 而我没有我的太阳。

迪亚娜容貌美丽，配上她那双炯炯有神的蓝眼睛和一头金色卷发，宛如太阳般光彩照人，散发着无穷的活力。一开始，李对这段风流韵事还抱着宽容的态度，她确信这不过是罗兰许多露水情缘中的又一段。后来，她忽然意识到迪亚娜可能构成威胁，她原本善意的纵容转为痛苦与公开的敌意。极具破坏力的争吵就像巨大的旋涡，将她和罗兰反复卷入其中。在争吵的间隙，李试图"咬牙挺过"，但她的自信已经支离破碎，她再也无法一笑置之。

她心中的憎恨过于强烈，无法理解迪亚娜其实在保护着她。尽管罗兰一再恳求，迪亚娜仍坚决不肯嫁给他。但李根本不信，只是将迪亚娜视为死对头。对李而言，罗兰在性方面的罪责无关紧要，在她本人失去性欲之后，她反倒还鼓励罗兰与其他女性交往。痛苦来源于被迫与别人分享罗兰的爱。她觉得自己与身边每个人都有隔膜。瓦伦丁、帕齐、迪亚娜，还有其他众多富有才华的女人，她们围绕在罗兰身边，对他表示欣赏与钦慕。李成了局外人，永远喝得酩酊大醉，一副邋遢模样，显得格格不入。托尼与她的关系日益疏远，某些随意的话会在她心里留下无形伤痕，比如："请叫帕齐到火车站接我放学吧，因为如果来的人是妈咪，我都不确定能不能认出她来。"到了托尼的青少年时期，只要有机会，母子就会公开针锋相对。

1956年前后，在李开始帮助罗兰写书时，夫妇二人的关系又有了凝聚力。他们多次旅行，以便与毕加索讨论这本书，并拜访其出生地马拉加。李拍摄了旧城区、摩尔人的城堡和圣特尔莫艺术学校的照片，罗兰最初把这些照片当作写作的备忘录。这些照片一张都没有在书里出现过，因为几乎所有的插图空间都被邮票大小的重要画作占满了。反倒是在1956年，为纪念毕加索的七十五岁寿辰，伦敦当代艺术学院举办了名为"毕加索其人"的展览，展出了许多当时由李拍摄的照片。这次展览的目录收录于伦德·汉弗莱斯出版社出版的《毕加索的肖像》一书中。书中序言由阿尔弗雷德·巴尔撰写，正文出自罗兰之手，还增添了另外几张由李拍摄的照片，这些照片与曼·雷、罗伯特·卡帕和乔恩·迈利拍摄的作品并列。

某种程度上，巴黎的社交生活暂时缓解了李的痛苦。在争吵之余，她仍是个无与伦比的女主人。在给聚会安排来宾名单时，她像是在烹饪一般，使出了高超的"搭配"技巧。这样的聚会成了逐名者的天堂，参加者有马克斯·恩斯特和多罗西娅·坦宁夫妇、曼·雷和朱丽叶夫妇、约翰·休斯顿、马塞尔·杜尚、雅克·普雷韦、林恩·查德威克、多米尼克·艾吕雅、米歇尔·莱里斯、菲利普·伊基利……但李只与其中一个人非常亲近，就是妮内特·里昂，她原本是位画家，后来以撰写烹饪类书籍而闻名。妮内特和她丈夫彼得也很擅长举办社交聚会，他们最初与李结交，就是因为双方可以互相交流关于食谱和宴客的想法。

即便是在盛大无比的宴会上，李的紧张情绪也很容易流露于外，最微不足道的刺激也会让她大发脾气，搞得所有人都难堪。大家充分意识到，李一边渴望着获得某些人的喜爱，一边又将那些人推远。有一次，妮内特看到李的梳妆台的镜子上有两个显眼的字母"NA"。她询问这代表的是什么意思,李回答:"意思是'永远不要回应'(Never Answer),同时提醒我自己应该继续忍耐,不发一言。"

此时,李心中的那些翼蛇正在猖獗地活动,占据了她的意识。然而,出于对精神疾病的恐惧,她拒绝被理解,也拒绝接受专业人士的帮助。她会对各种身体疾病充满兴趣,但对于自己可能出现了心理问题这件事,即便是微小的暗示,也会令她排斥和畏惧。翼蛇无情地攫住了她。在抑郁情绪发作的低谷期,她曾向妮内特坦陈,她之所以没有跳进塞纳河里把自己淹死,是因为她心里清楚:一旦她与世长辞,罗兰和托尼只会喜出望外。

是美食拯救了她的生命。

1946年，纽约。日裔美国雕塑家野口勇在工作室内留影（摄影者：李·米勒）

1946年，亚利桑那。马克斯·恩斯特和多罗西娅·坦宁（摄影者：李·米勒）

1946年，洛杉矶。曼·雷和罗兰·彭罗斯在曼·雷的工作室（摄影者：李·米勒）

1947年3月，李在瑞士执行《时尚》杂志委派的任务（摄影者不详）

李与佩姬·莱利（后为罗莎蒙德·拉塞尔）在瑞士共同执行《时尚》委派的任务。正是在这次旅途中，李发现自己怀有身孕（摄影者不详）

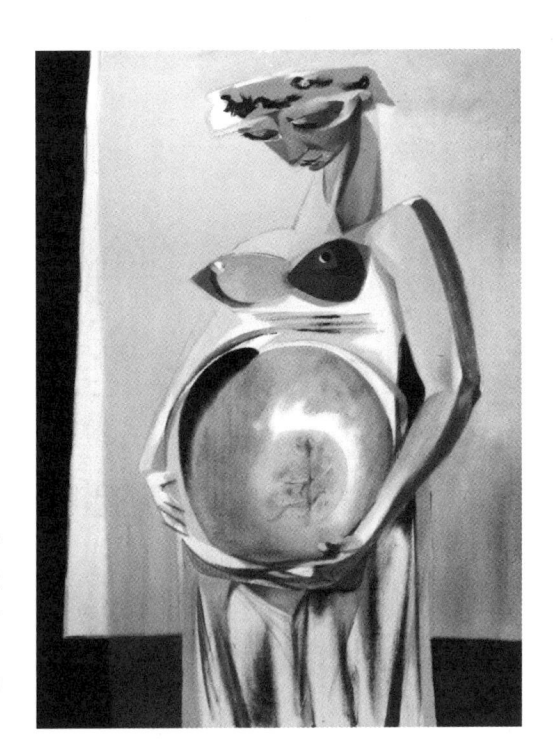

《初见》,罗兰·彭罗斯作,1947年。李怀孕后的身材变化令罗兰颇为着迷,他以李为主题画了多幅习作,最后绘出了这幅油画,画中的胎儿看起来像只绿色的蜥蜴

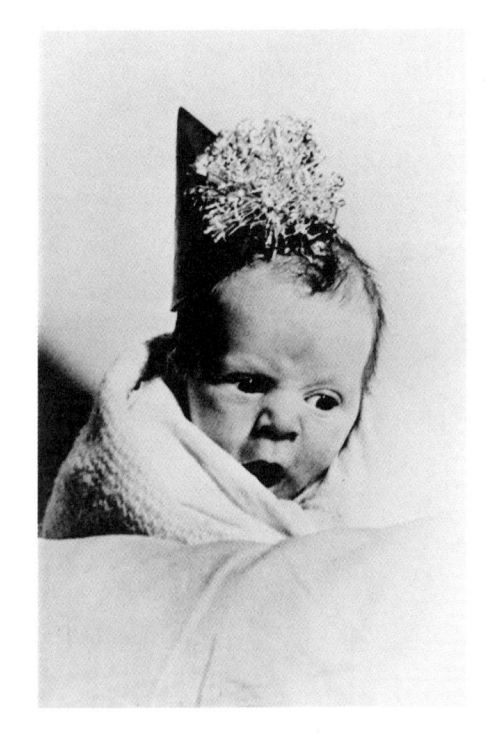

《第一个宝宝,第一次圣诞》。小模特为安东尼·彭罗斯,见《时尚》1947年圣诞特刊。这顶帽子怎么也戴不住,只能先单独拍下来,再粘贴到冲印出的照片上(摄影者:李·米勒)

1952 年，从法利农场远眺南唐斯丘陵。右下角的草坪上摆着亨利·摩尔创作的雕塑《母与子》（摄影者：李·米勒）

1959 年，纽约的漫画家索尔·斯坦伯格在法利农场（摄影者李·米勒）

1950年9月,毕加索和安东尼·彭罗斯在法利农场。那段时间,毕加索正在英国谢菲尔德参加和平会议。他先后两次到访法利农场,对公牛表现出了特别的兴趣,并且声称他也想成为萨塞克斯的农民(摄影者:李·米勒)

1956年，戛纳。毕加索和罗兰·彭罗斯在"加州"别墅用法语热烈地交谈（摄影者：李·米勒）

约 1958 年，波基普西市的福伯斯街。李和父亲在他的工作室。原图为宝丽来照片（摄影者不详）

20世纪60年代，李和父亲在威尼斯（摄影者不详）

约 1964 年，胡安·米罗在伦敦动物园（摄影者：李·米勒）

1973 年，巴塞罗那。安东尼·塔皮埃斯在工作室里（摄影者：李·米勒）

▲

约 1970 年,李在法利农场的厨房里。瓷砖上是毕加索的杰作(摄影者:克里斯蒂娜·奥克朗)

▼

1974 年,李和贝蒂娜·麦克纳尔蒂在法利农场(摄影者不详)

▲
1972年，巴塞罗那附近的锡切斯。罗兰和李
（摄影者不详）

▼
1977年，伯格山。苏珊娜·彭罗斯和阿米
（摄影者：安东尼·彭罗斯）

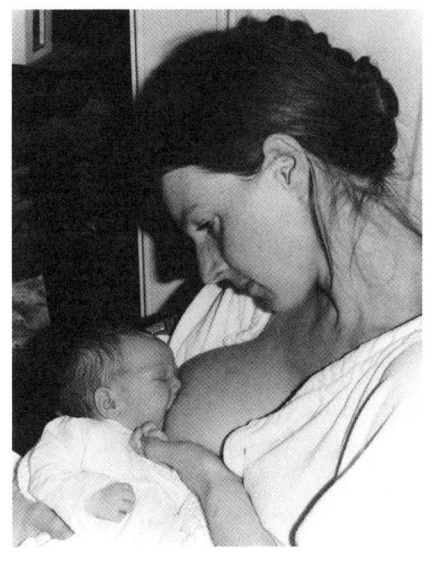

1976年,法国阿尔勒。李即将结束某次长途旅行,她手里拿着一顶富余的帽子,这是给一位朋友准备的(摄影者:马克·里布)

第十一章

美食、友人和远方
1956—
1977

在那些阴郁的日子里，李从烹饪中获得了一定的慰藉。这对每个人的心理健康都是好事。

烹饪是一门艺术，需要掌握各种各样的技能，尤其是呈现食物的技巧。为了检验厨艺，厨师需要食客，而面对李所做的努力，家人的反应往往连同情都算不上。罗兰会表达自己对英国食物的渴望，而托尼刚到了能参与农活的年龄，想吃的只是朴素的日常餐食。瓦伦丁长期客居于农场的时候还是老样子，对大部分事情都要抱怨一番。最鼓励李的人是帕齐。她是素食主义者，所以她对饮食的要求就构成了有趣的挑战。李会花费好几个小时的工夫，在贩卖来自世界各地的食材的商店里四处搜寻，回来时满载着一罐罐充满异国情调的蔬菜酱。

李的烹饪风格独树一帜，一如她所做的一切。她在伦敦的蓝带厨艺学院深造，以优异的成绩毕业，还将《比顿夫人的家政管理》和《拉鲁斯美食大全》从头至尾钻研得很透彻，但这些不过是她厨艺的根基。她如饥似渴地阅读烹饪书籍，仿佛读小说般废寝忘食，渐渐积累了超过2 000册的藏书。她还有一间藏书室，里面收藏着浩如烟海的杂志和无数箱她收集而来的菜谱，以作为她创制菜品时的参考。从这些丰富的养分中，李逐渐酝酿出了自己的风格，她的菜品以天马行空的创意著称："马德斯格林的绿鸡"[1]

确实是绿色的;"金鱼"则是由一条三千克重的鳕鱼巧妙烹制并装点而成的;"波斯地毯"并非用来铺地的,而是由橘子和糖渍紫罗兰精心制成的。

烹饪勾起了李对异域风情的好奇心。世界上几乎没有哪个国家的代表性菜肴是她没有尝试过的。如果能找到来自遥远异邦的人,向她展示如何烹制某道民族美食,对她而言简直是无上的快乐。帕齐的朋友斯坦·彼得斯来自波兰,经常耗费数小时的工夫,和李一起烹制波兰炖肉和其他传统波兰菜肴。雷纳托·古图索则是意大利面的专家。奥布赖恩一家刚从特内里费岛返回,对西班牙炒饭有所了解。无比热爱中餐的韦尔斯·科茨在李身上找到了共鸣。詹姆斯·比尔德前来做客,李跟他一起花了两天时间准备一道鱼的菜肴。重要的不仅是鱼,还有他们两人在烹饪过程中的谈天说地。

李还发现,她的厨艺可以用作"武器"。西里尔·康诺利一向喜欢用无礼的态度对待女主人,有一天,他正在大谈美国文化的颓废与堕落。他声称:"他们的道德力量跟软绵绵的棉花糖差不离,会淹没在恶心的可口可乐的汪洋里。"李什么也没说,只是当场离开,去了厨房。那天晚上的饭后甜点特别可口,当西里尔对她表示称赞时,李的眼中闪烁着胜利的光芒——这道甜点正是用棉花糖和可口可乐制成的。

李的乐趣还在于满足朋友的口味。她专门用记事本记下朋友们喜好和厌恶的食物:"伯纳德很讨厌蘑菇。吉姆吃不了黄瓜。佩姬爱吃鳄梨沙拉酱⋯⋯"诸如此类,写了许多页。如果有谁对她做的食物表现出特别的喜好,那她最开心不过了。从这个意义上讲,对甜食永无餍足的特里·奥布赖恩堪称她的拥趸。美妙的英式奶油水果甜点常常出现在餐桌上,她会选用醋栗、覆盆子或黑加仑,搭配丰盈的鲜奶油。到了冬季,她会把奶油抹在掺有巧克力和饼干的夹心蛋糕上。

只要有餐饮博览会或家居生活展，李就非去参观不可，还免不了带回一堆最新式的厨用设备。即便手工制作食物的速度其实要迅速得多，她也坚持使用各种奇妙而精巧的新发明——切片机、切条机、混合机和碾磨机，这些设备满足了她对技术的嗜好。没过多久，在这些机器的咆哮和哀鸣声中，人们就无法在厨房里聊天了，此外机器还会频繁地出现故障。

李的"代表作品"大都会在伦敦经过一番演练，与她一起动手的除了埃尔莎，还有美食家贝蒂娜·麦克纳尔蒂。菜品的正式亮相则是在法利农场，因为那里的厨房特别大，提供了充足的施展空间。此外那里有帕齐在，弗雷德·贝克的妻子琼也会给李提供支援，她们会像打仗一样奋力清洗堆积如山的碗碟。更不用说菜园产出的蔬菜、冷藏库和乡间小店的各种好物，基本所有需求都能在那里得到满足。最重要的是，每个周末都会有一群接一群的客人造访，他们几乎都远比李的家人更懂得欣赏她付出的心血。

在烹饪中，不存在难以一探究竟的领域。彼得·莱昂的一句评论，碰巧掀起了李对"邦联汤"烹制方法的研究兴致。她翻阅了大量美国内战的相关书籍，还向博学的朋友们请教，烹饪的准备工作甚至比葛底斯堡战役的部署还要周密，光是熬制汤品就花了整整两天时间。所有客人都赞不绝口，但这样的付出值得吗？对李来说，答案无疑是肯定的。毕竟，还有什么事情能同时满足她如此多样的兴趣呢？

李的烹饪艺术绝不止于家常的砂锅菜。晚餐的准备工作往往在清晨就开始了，但这并不妨碍一日当中的午餐。午餐后，李会去睡个午觉，留下帕齐与锅碗瓢盆战斗，待李醒来，烹饪工作又会以毫不间断的节奏进行下去，直到晚餐准备就绪。由于不时会出现各种小问题，开餐时间一不小心就会延误数小时，等到大家落座时，往往都已经被罗兰慷慨提供的大量饮料灌饱了。这样的夜晚总是过得很顺利，李既喜欢取悦客人，又喜欢给他们制造惊喜。相比之下，一旦李想满足一下罗兰的心愿，做点诸如烤羔羊腿等传统的英式菜肴，反倒会引发巨大的混乱。因为这类简单的菜肴无法激发她的创新欲望。她只是随手把食材扔进烤箱，任其烤煳，自己却在与客人推杯换盏。

在接下来的数年里，李经常扬言要撰写一本食谱。这个想法让家人都感到担忧。她想从自己偷学到的食谱中挑出一些自己偏爱的，将之编纂到一起。为了实现这一目标，她在手提包里塞满了各种精巧的剪裁工具，这样一来，哪怕是在医院的候诊室里，她也可以把杂志上的文章剪切下来。她的这项收录工作持续了多年，掳来的战利品塞满了无数纸箱。她还专门买了些杂志，用宁静的周末时间在上面搜罗。剪下的碎纸如同潮水一般，淹没了法利农场的客厅。面对罗兰的抗议，她会反驳道："这是我的工作。"大家都对她的这种做法嗤之以鼻，瓦伦丁也随声附和："你所谓的工作到底是什么？就是把一大堆杂志撕碎了，躺在上面睡觉吗？"但李不为所动。不久以后，罗兰便觉得，想拥有一间真正能拿来待客的客厅，唯一的办法就是在宅子的南面为李建一间书房。结果，这间书房后来成了家里最舒服的房间之一。蓝色墙壁旁摆放着一排排白色书架，阳光从西南向的大窗和可以远眺威尔明顿巨人像的落地窗倾泻而入。2 000余本烹饪书把书架塞得满满当当，屋里还摆放着若干橱柜，杂志被胡乱地塞了进去，让大家落得个眼不见为净。

李对烹饪的兴趣可以追溯到在埃及沙漠旅行的那段时光，但直到20世纪60年代初，这种兴趣才达到顶峰。这份爱好不但缓解了她的抑郁，还为她带来了一帮与艺术界无关的新朋友。如今，艺术界的主导者成了罗兰。在厨房的热浪中，翼蛇开始撤退到洞窟里，只是怒目而视，偶尔还会发起反击。不过，真正彻底击垮这些家伙的并非烹饪，而是一个李以前从未认真看待过的爱好——音乐。

她究竟是如何对古典音乐产生兴趣的，对于所有认识她的人而言都是个谜。她在音乐方面天资平平，常被人说"五音不全"，但经过孜孜不倦的学习，她忽然变成了古典音乐的狂热爱好者，还形成了别具一格的鉴赏力。在众多作曲家中，舒曼和勃拉姆斯最得她的青睐，莫扎特的作品她也十分喜爱，但瓦格纳完全不被接受——仅仅因为他是个德国人，这在她看来就是不可原谅的。大概就在这一时期，安东尼·霍普金斯主持的一档音乐鉴赏节目在英国广播公司电台定期播出。就算天塌下来，李也绝不会错过这档节目。自然而然地，她开始用磁带录制每期节目。不久之后，在她那堆已经被剪得破破烂烂的杂志旁边，又添了一大摞磁带。音乐会是她至高无上的乐趣，她成了威格莫尔音乐厅和皇家节日音乐厅的常客。她还到访过格林德伯恩歌剧院，那里的独特传统是幕间休息时观众可以在雅致的花园中享用野餐。这刚好让李对音乐与美食的热爱契合得天衣无缝。

1960年，英国文化教育协会委派的驻巴黎的工作已经结束。罗兰那本关于毕加索的书也出版了。他已经成为泰特美术馆的理事，并负责组织在英国举办的一场极为重要的毕加索作品展。这次展览从世界各地借调了250多件毕加索作品，其中有几件来自列宁格勒艾尔米塔什博物馆的展品直到开幕式的前夕才姗姗来迟，让每个人都心惊胆战了一场。

凭借精明的沟通手腕，罗兰成功地将7月5日的开幕式之夜变成了伦敦当代艺术学院的筹款晚会。现场星光闪耀，其中最引人注目的贵宾当属爱丁堡公爵。为了妥善接待众多宾客，泰特美术馆的草坪上支起了大帐篷。李不仅要帮忙敲定菜单，还贸然答应为晚会的宣传手册撰写一篇短文。然而，就在展览与晚会筹备的关键阶段，疲惫不堪的罗兰无暇顾及李的拖延之态。直到活动开幕前两天,稿件的最后期限迫在眉睫,即便李如何恳求,也无法再获延期。

"我该怎么动笔啊?"她冲着罗兰哀号。"呃,那就试着想象一下,毕加索本人会在开幕式上出现。"说完他便冲出了公寓。李把报纸摊开,铺在厨房的桌子上,花了几个小时的工夫,反复调整爱马仕打字机、词典、打字纸、复写纸和威士忌酒瓶的位置。一天就这么过去了。那天晚上,罗兰回家时,纸上的词不超过十几个。他垂头丧气地上床睡觉去了,留下李弓腰耸肩地继续伏在打字机前。

次日早晨,厨房的地板上到处都是揉成一坨坨的纸团。一瓶威士忌已经空了,旁边的酒瓶里还剩下那么一滴。在报纸的空白边沿上,以及其余能用来写字的地方,都填满了信手涂鸦的文字。李不见了踪影,只听见客厅沙发上的一堆毯子底下传来响亮的鼾声。打字机上方放着三张夹在一起的、一丝不苟地打印好的纸稿,上面郑重地签着"李·米勒"几个字。当天晚些时候,她醒来后执意要罗兰给印刷厂打电话,要求将署名改为"李·米勒·彭罗斯",以向罗兰示好。

《毕加索其人》

假如毕加索今晚也在这里,向你问好,与你握手,那么在与他的接触中,你会体验到18世纪的梅斯梅尔博士所说的"动物磁力"。他的黑眼睛闪耀着灼灼光华,哪怕曾经一睹过他风采的人也莫不深受吸引。不过,从这位温暖、友善的小个子男人的魅力中,那些真正与他相识的人会感到一种激荡下的平衡。他的名字堪称现代绘画的代表。

无论身在何处,他的生活总是朴素得不可思议,却总在一片无法言喻的混乱的物品中展开。这些物品都是他的珍宝，有的杂乱无章，有的经过精心搭配；有的漂亮，有的破旧；有的深受偏爱，有的已被遗忘。杰作与原本毫无价值的破烂摆在一起，只要在他的手中，这些破烂又会被改造成新的杰作。废铁片、碎渣和骨头各自等待着属于自己的荣耀时刻。

在他位于戛纳的名为"加州"的别墅里，有一个巨大的镜面餐具柜，上面堆满了来自全世界的假鼻子、假胡须和假发，还有从后宫、斗牛场或马戏团等处弄来的戏服，以及数不清的帽子，不过没有防弹背心或紧身衣。毕加索喜欢乔装打扮，把他的朋友扮成小丑或唱诗班歌手，这是一种天真无邪的消遣，但常常会像"真相与结局"游戏那样带来令人难忘的惊喜，也有助于结交朋友。

王冠成就君主，桂冠为诗人加冕。或许所有喜剧演员和大多数男人都会沉迷于"试帽子"的游戏，把它当成一种占卜未来或让梦想成真的方式。如果帽子合适的话，那就戴着吧。你可以摇身一变，就此成为锅匠、裁缝、士兵、水手。耳朵和眼睛就像自我和本我一样变化多端，面部表情可以随之在穷凶极恶与纯洁善良之间切换，而这一切全是因为一顶"帽子"。

巍峨的沃夫纳格城堡坚不可摧，那是毕加索最新的住所。城堡内部并不像建筑本身和其所处的环境那样朴素。草莓和夜莺围绕着它，仿佛一幅文艺复兴初期的织锦挂毯。城堡的女主人杰奎琳和毕加索一起营造出了一种充满爱意的温暖氛围。

尽管有着诱人的宽敞空间，甚至带有地牢，但大厅的庄严和高贵使得沃夫纳格城堡没有成为又一个"加州"别墅，变成未拆封的板条箱和神秘包裹泛滥的垃圾场——那种过时而平庸的奢华风格令人不屑一顾。在城堡入口的台阶底下，摆着一排毕加索的雕塑（货车把雕塑卸下来留在此处，排成合唱队形），它们已经变成了这个家的神灵和朋友，随时在迎送客人。

如今，毕加索的生活被他的工作、爱情和普罗旺斯的阳光拴在南方。他很少远游，至多也就是去尼姆看场斗牛，或者去尼斯会会朋友。他最近一次前往巴黎已经是五年前的事了，虽然当时卢浮宫恰好在举办一场大型毕加索作品展，他完全可以顺路去一趟，但他也没有费那个劲。他忙于创造，无暇去向旧作致敬，这很奇妙，他从来都不是自己的痴迷者。但是，如果我可以许个愿的话，我希望他今晚出现在这里。我觉得他应该会乐意的。

李·米勒·彭罗斯，1960年

要在《毕加索的生活与事业》这样一部全面而扎实的著作之外另辟蹊径，避开已被详尽记录的重要事迹，写出一篇独具特色的文章，无疑是一项令人望而却步的任务。但李完成得很好，给我们提供了新颖的个人视角。那些熟知她境遇的人可以从中看出尖锐而讽刺的笔触。

1954年9月11日，李的母亲死于癌症。20世纪60年代，西奥多每两年就会定期来英国探亲一次。在汤米·劳森的帮助下，李用轮椅带着父亲到威尼斯和罗马去了一趟。对所有参与其中的人来说，这次旅行带来了巨大的压力。不过，看到各个时代的工程奇观，西奥多一直赞不绝口。

佩姬·古根海姆是父女俩最先拜访的人之一。对于她可观的现代艺术藏品，西奥多礼貌地采取了保留态度，但他和佩姬相处起来像老友一样融洽。在剩下的旅途中，他们没有再推着沉重的轮椅慢吞吞地移动，而是乘着佩姬的贡多拉小舟，在水上优雅地巡游。

西奥多在法利农场逗留的时间很长，他经常坐在厨房角落里的一把椅子上，简直成了一处地标。帕齐和她女儿乔治娜都非常喜欢他，而他也很疼爱她们俩，称乔治娜为他的"养孙女"，还坚持要她签署一份承诺书，保证在年满二十一岁之前绝不吸烟。西奥多热爱农场生活，他最喜欢的地方之一是托尼的车间。他很喜欢在这里盘桓上数小时，只是静静地在一旁观看。他总是抱着宽厚的鼓励态度，如果不被问起就从不发表意见。每天夜里，他都会早早回屋写日记，他在日记本的扉页上写了这样一句话："不要寻找丑事，这里没有记录。"事实上，他那吃力而颤抖的笔迹记录的无非就是气压、温度和天空状况这些无关痛痒的事情。

除了烹饪和音乐，李又有了一项新的嗜好，和她之前对纸牌和填字游戏的爱好相似，现在她开始热衷于参加各种竞赛。对李来说，获得奖品并不重要，关键是赢得比赛的过程给予了她满足感。她迫使其他人也参与进来，让比赛变成了一项社交活动。阿拉斯泰尔·劳森是李最大的支持者，他是玩字谜和诗歌游戏的高手。对于选择题类型的竞赛，李会用数学方法计算出所有可能的组合，然后用她所有亲朋好友的名字提交尽量多的答案。这个策略偶尔会让某个泛泛之交意外获得令人垂涎的奖品，但总体来说效果显著。没过多久，法利农场和公寓里就堆满了闪闪发亮的厨用小机器，足以开一家店了。

参加厨艺比赛是水到渠成的事。挪威食品中心为最优秀的开放式三明治的制作者提供了丰厚的奖品。这时，李的想象力被激发到了令人难以置信的程度。她在图书馆里泡了数日，潜心研究挪威风俗和挪威传统菜的起源。接下来，她又进行了数月的试验，对自己的参赛作品加以完善。只要有可能，她做的每一顿饭都会有开放式三明治，只是伪装成了不同的形态。当面对着精心摆放在薄薄的黑面包片上的腌菜、生鱼片和意大利腊肠时，罗兰做梦都想吃烤牛肉，而托尼做梦都想吃焗豆子。一位来自美国的客人用审慎的口吻说道："我周游了半个世界，来到一位英国顶级美食家的家中，结果吃到的竟然是三明治？"数月之后，人们依然能发现已经干瘪的小三明治可怜巴巴地藏在家具底下，三明治的边角绝望地蜷缩着——应该是被没那么直言不讳的客人悄悄塞进来的。

而挪威人的看法有所不同。评审在伦敦的挪威食品中心进行。总共有数百个作品参赛，每一个都仅凭数字标识，李提交了三个作品。评审团给出了全体一致的裁决，李的三个作品分别揽下了一等奖、二等奖和三等奖。她大方地拒领二等奖和三等奖，欣然接受了一等奖。奖品是为期两周的双人假日旅行，由挪威旅游局负责接待。"到了挪威，你想去游览什么？"官员们问她。李神采飞扬地答道："我想去参观鱼肉罐头厂，想在一个专业的厨房里做做菜，想结交许多挪威朋友，还想去美术馆转转。"

罗兰不愿陪她同行，于是她没有浪费半点儿时间，直接邀请了贝蒂娜·麦克纳尔蒂。1961年，在普吕尼耶夫人餐厅的一次午餐会上，李与美国同胞贝蒂娜相识，两人迅速建立了深厚而持久的友谊。贝蒂娜、她的丈夫亨利和他们的小宝贝克劳迪娅成了法利农场的常客。贝蒂娜对美食、音乐和旅行的兴趣与李的爱好完美适配。

她们挪威之行的第一站是位于斯塔万格的鱼肉罐头厂。在这里，李展示了自己对流程工艺和物理学的认识，以及对一切事物的浓厚兴趣，令接待她们的东道主大为惊叹。时值隆冬，李和贝蒂娜乘上列车，列车内设备齐全、干净整洁。到达奥斯陆以后，维格兰艺术博物馆正在闭馆，但旅游局仍然专门为两位客人安排了一次特殊的参观。最近刚下过的一场暴风雪给古斯塔夫·维格兰令人不安的复杂雕塑作品增添了几分韵味。

旅程的高潮发生在返回奥斯陆途中。在滑雪胜地耶卢最大的酒店的后厨，李成了主厨的客人，可以随意使用形形色色的不锈钢厨具，以及大大小小的器械和所有食材。单纯的烹饪练习勾不起她的兴趣，她决定与东道主同台竞技，要求主厨允许她为酒店的自助午餐露上一手。她选择了一道名为"扬松的诱惑"的传统挪威菜，这道菜需要将凤尾鱼、洋葱、土豆和奶油巧妙搭配，是一道美味多汁的佳肴。这是一个聪明的选择，因为这道菜做起来并不烦琐，只是需要仔细而娴熟的准备。长达一小时的烘焙时间让李可以好好见识一下其他厨师的工作，还可以趁机欣赏主厨的表现。她在厨房里玩得不亦乐乎，简直乐不思蜀。她请人给贝蒂娜捎了话，让贝蒂娜照看一下"扬松的诱惑"——那道光彩夺目的菜正摆在自助餐桌上——并向她反馈它与酒店其他菜肴比起来表现如何。结果一切顺利，"扬松的诱惑"被大家一抢而光，这样的战绩让李心满意足。当天剩下的时间，她一直待在厨房里。

1963年，李再次和贝蒂娜一同出游，这次旅行有一个完全不同的契机。拜汤米·劳森所赐，伦敦当代艺术学院为艺术爱好者组织了一系列旅行活动。1961年，李曾经参加过苏联远足之旅，那是她第一次踏足苏联的土地，更是她人生中最难忘的一次旅行。而这回的目的地是埃及，行程包含阿布辛贝和阿斯旺。最后她们乘坐"滑翔天鹅"号轮船沿尼罗河返回。李几乎没怎么去甲板上，而是一直待在酒吧里和朋友们聊天。贝蒂娜与李正好相反，异域情调的景物深深吸引了她，她拍摄了大量照片，后来才发现相机里面根本没有胶卷。"没关系，"李安慰道，"重要的是你想做什么，你已经享受到了拍照的乐趣。"

吸引李到埃及的并非旅行本身。不可否认，某些地方已经变得面目全非，但另一些地方一如从前，这种不公平的变化方式令她着迷。她去埃及的主要目的是见住在亚历山大的阿齐兹，他在简朴的环境中过着宁静的生活。他晚年的日子并不好过，新政权剥夺了他曾经拥有的一切。他如今体弱多病，憔悴不堪，依靠微薄的养老金度日。不过，他在20世纪50年代迎娶的埃尔达全心全意地照料着他。游览结束后，李在埃及又逗留了一周，陪伴着他。后来，李虽然不肯多谈此事，但显而易见，阿齐兹的处境令李非常难过，而他们两人之间仍留存着温柔而牢固的情感纽带。

1966年，罗兰因"促进当代艺术发展"而获得了爵士称号。他仔细考虑了许久，才终于愿意接受这一头衔。对于一名超现实主义者而言，获得这样的认可并非寻常之事，他也始终没有完全适应这个耀眼的头衔。促使他下定决心的因素在于，他认为这个头衔有助于他扩大自身的影响力，从而推动伦敦当代艺术学院的发展。这个想法是正确的。

授衔仪式结束后，罗兰爵士和彭罗斯爵士夫人（李）在丽兹酒店喝下午茶庆祝。贝蒂娜开了个玩笑，向前台致电，好让李听见别人用"彭罗斯夫人"这一称谓来呼唤她。李很高兴。这样的调侃无休无止。比尔·科普利大笑着问道："罗兰爵士，昨晚和你共处的那位夫人是谁啊？"她立刻成了别人口中的"李女士"。对于上流人士的做派，她半分兴趣也没有。从许多方面而言，再没有人像她一样如此不在意这个角色所背负的诸多传统。不过，她确实很享受这个头衔在美国媒体上获得的无限风光，这可以使她成为更受认可的厨师。关于她的文章开始在世界各地的报纸和杂志上涌现。

美国版《时尚》和《国际画廊》专门刊登了关于她的长篇报道，但最高的赞美出自贝蒂娜之手——她刚就任《住宅与庭园》杂志的特约编辑。这篇文章有九页，配发三张厄恩斯特·比德尔拍摄的照片，他高超的摄影技巧使得本就令人垂涎的美食更显诱人。法利农场宅邸的内部装潢稍经布置，再加上由罗兰亲手采摘和装点的大量鲜花，整个画面显得色彩缤纷、热情洋溢。这呈现的正是这座宅子本来的样子，李对此深感自豪。《住宅与庭园》杂志的发行部门或许注意到了他们的销售图表上的小高峰——李本人一口气购买了几十册杂志，邮寄给自己的朋友。

随着年龄渐长，李和罗兰的关系变得更亲密了。由于工作原因，罗兰的旅行机会越来越多，李有时也会伴他同行。在那些表面上看似出于高雅文化目的的旅行中，李特别喜欢捷克斯洛伐克和日本。她最享受的是悄悄溜走，去各种餐馆用餐的时光，不论是去知名还是不起眼的店家。餐后只要有可能，她就会钻进厨房，和厨师交流烹饪方法，而没有什么比带着一堆食谱和罐头里的新奇食材回家更令她开心的了。

在这些旅程中，李几乎没拍过照片。罗莱弗莱克斯相机在橱柜里蒙尘，摄影几乎引不起她一星半点儿的兴趣。任谁也劝不动她重新开始拍照。无论谁劝她拍照，哪怕只是家庭成员的快照，她一律无视。她回绝道："一旦当过专业人士，就再也没法回头去当业余爱好者了。"她悄悄买了一台宾得相机，这是一款带有内置测光表的紧凑型相机。她必然是出于对科技的喜好而买下这台相机的，但买来之后她几乎不怎么用。人们向她提供过许多已经筹划妥当的工作，她答应接下的只有一件，就是拍摄在工作室里工作的西班牙艺术家安东尼·塔皮埃斯。这组照片完美地延续了她早期敏锐的观察力与简约的拍摄风格，令人信服地呈现出了塔皮埃斯所处的环境的氛围。

李对待自己旧作的态度让所有人都困惑不解。人们会从各大博物馆登门前来，请她出借某些作品用于展览或书籍出版。如果他们想借的是霍伊宁根-许纳、斯泰肯或者曼·雷拍摄的照片，她就会尽量满足，在破旧的纸箱里努力翻找，那些箱子里装的都是美丽的原版照片。她会略带遗憾而不失骄傲地宣告："现在，我已经是那个时代最后一个还活着的人了。"随即开始讲述自己的生活和那个时代的精彩故事。

但对于自己的作品，李的态度大相径庭。凡是希望获取她旧作的人，都会遭到礼貌而坚定的回绝。对于坚持不懈的那些人，她会说，以前的作品在战争中已经全部毁于一旦，并且那些作品也没什么有趣的，最好还是忘掉算了。由于她极力贬低自己的成就，人人都相信她几乎或者根本没做过什么有意义的工作。她会说："哦，我倒确实拍过几张照片，不过那已经是很久以前的事了。"虽然她绝不会承认这一点，但她昔日的大部分底片都躺在法利农场的犄角旮旯儿里，已经彻底被世人所遗忘，还有一些被放在伦敦，藏在《时尚》杂志的地库里。对她而言，那部分人生成了已然完结的篇章。除了与像曼·雷这样的老友有关系的部分之外，对于自己的过去，她根本提不起丝毫兴趣。

与罗兰的关系逐渐融洽的同时，李和托尼的亲子关系也开始有所改善。托尼很早便逃离了学校和家庭，干了几年工程方面的工作后，他发现自己特别怀念奶牛和土地，于是开始学习务农。在别人的农场里工作让他长时间远离家庭，这倒有助于弥合母子之间的裂痕。他和李对待对方的态度逐渐变得更加宽容。每当他带朋友回家时，李就像对待自己请来的客人一样热情。

虽然李自己不肯拍照，但在托尼年幼的时候，李便把那台美丽的康泰时相机交给了他，还附赠了所有镜头和大量胶卷。除了说几句要他好好爱惜的暗示之辞外——"你要是给摔了，我就拧断你的脖子"——她明智地没有进行丝毫干预，反而慷慨地承担了冲洗照片的费用。她觉得，创造机会这一行为已经算是充分的鼓励，何况她非常清楚，一个人的风格很容易被他人的影响所束缚。

就像命运之神一贯的安排，与托尼的最终和好来得未免太晚了。1971年10月，在李和罗兰的支持下，托尼和两个朋友一道离家，开着一辆路虎汽车环游世界去了。他离开了三年多，从新西兰敷衍了事地发来一封电报，宣告他已经与一位美丽的英国姑娘苏珊娜成婚，苏珊娜是从澳大利亚开始与他同行的。他们回家之后，李即刻喜欢上了这位儿媳，在苏珊娜的鼎力相助下，母子很快达成了进一步的谅解。虽然算不上十全十美，毕竟没人能与李保持稳定的关系，但两人之间再也没有争吵和打斗，或是伤害对方感情的行为。

李饶有兴趣地看着苏珊娜和托尼在农场附近的一栋房子里安家。起初，苏珊娜对这位婆婆有点敬畏。身为年轻的新娘，邀请一位世界知名的美食家来家里共进晚餐，这未免有点令人惶恐。但是，这位世界知名美食家的反应充满热情和赞许，没过多久，婆媳二人便成了朋友。李如往常一样慷慨，她硬塞给苏珊娜许多小玩意儿，还有她在比赛里赢得的战利品。不过相比之下，再也没有比两人次年一道去买孕妇装更叫李高兴的事了。"我什么东西也不会给宝宝买。"李说，"这件事其他人都会做，因为这是你的第一胎。我反倒要给你打扮打扮，好让你舒服一些，看着也漂亮。"等到购物狂欢结束后，苏珊娜的衣橱变得光彩夺目起来。李对宝宝也很疼爱，她为宝宝买回来的最后一件东西是一个长着斗鸡眼的绿色河马玩偶。

1976年7月，李和罗兰应吕西安·克莱格之邀前往阿尔勒，参加一年一度的摄影节。摄影节上有关于曼·雷作品的展览、讲习班和研讨会。前一年，罗兰刚出版了一本关于曼·雷的书，还发表了一场演讲。但从各种角度上来看，李才是现场的明星，因为曼·雷邀请李代为出席为他举办的荣誉典礼。她心情愉快，容光焕发，相当享受马克·里布、吕西安·克莱格和戴维·赫恩的陪伴。许多年轻的摄影师在现场展示自己的作品,他们爱慕虚荣,还带着前呼后拥的随从,而李以嘲弄他们的这种做派为乐。

李和罗兰在那年冬天回到了英国。塔尼娅·拉姆(她的名字已经变成了塔尼娅·麦基)趁着去伦敦看戏的机会来探望李。那一刻,李的生命仿佛开启了轮回。晚餐时,她悄悄对塔尼娅说:"真是倒霉透了,我刚刚听说我得了癌症。我不想谈这件事,但我知道自己时日不多了。"然后,她转而谈起了伦敦和剧院的事,仿佛刚才什么也没有发生过。

两年前,在去拜访埃里克和玛菲时,李早已通过某种神秘的方式预见了自己的死亡。在他们家逗留的最后一夜,她问玛菲当晚是否可以与她同宿一室。那天晚上的大部分时间,她们都在追忆一起度过的或好或坏的岁月,时间一直追溯到了40多年前。到了次日早晨,当李离开他们家,去搭乘前往伦敦的飞机时,她已相当明确地表示过,从此以后,她再也不指望还能与他们夫妻俩见面了。

李的身体状况恶化得很迅速。她最后一次独自下楼是在1977年6月7日,那天是英国女王的银禧纪念日,也是托尼完成伊朗的拍摄之旅后返家的日子。她为托尼的归来而兴奋。随着不可避免的结局日渐迫近,罗兰几乎时刻坚守在她的床边,寸步不离。帕齐负责满足李的一切需求,比如准备诱人的食物,以及达成只有李才想得出来的各种各样的要求。苏珊娜经常带着还在襁褓里的小孙女来看望李,将宝宝的外貌与李婴儿时期的照片对比,以此哄李开心。其他朋友前来探望时,无论有多困难,李都强撑着向他们问好,再说上几句俏皮话。她面对死亡的姿态无畏、直率,仿佛那不过是又一次精彩冒险的序幕。

一个炎热而宁静的下午,原本正在打盹的她突然惊醒。在一瞬间的惊慌中,她悄声对坐在旁边的托尼说:"我感觉自己仿佛站在一道深渊的边缘,只要一不留神就会掉下去,永远不停地往下落。""不,不会的,"托尼忽然从屋檐上传来的叽叽喳喳的鸟鸣中受到启发,"雏鸟没有练习飞翔的机会,可是一旦从巢里坠下,它们就会发现,原来自己可以在空中盘旋、冲刺,永远展翅翱翔。"这个想法似乎安抚了李。数日后,在7月21日明媚的曙光中,当罗兰将她紧紧抱在怀中时,她平静地与世长辞。

一开始发布的一些讣告大都显得空泛无力。毕竟,李将自己的一生打造成了诸多密闭的舱室,有谁能真正穿透其中的哪怕一两间,看见她世界的全貌呢?就像轮船上的防水舱壁那样,她守卫着这些独立的领域,使其免遭入侵。她确信,倘若所有的船舱都被同一个人闯入,这艘船就会沉没。如果说有哪篇讣告算得上恰如其分的话,那要数罗伊·爱德华兹写下的一首诗。罗伊初次与李相遇是在1947年的唐郡山,当年他才十八岁,对超现实主义文学的热切向往引领着他到了那里。罗兰本来是邀请他去喝茶的,但李当时怀有身孕,胎儿月份已经很大了,她懒得去折腾茶壶,便给了这小伙子一杯杜松子酒。这让李赢得了他毕生的钦慕和友谊。李涂成绿色的趾甲,还有她的洞察力和幽默感都让他着迷。在李身上,他看到的是一位真正的作为超现实主义者的女性。李去世后不久,他写了一首诗,特此摘录如下:

《李和她的摄影》

(她转过头去,
面向魅惑的镜头和镜子)

古老的风景就在眼前,

包裹覆上了丝绒般的尘埃，
这尘埃来自四十年的光阴与五千英里的路途。
从富丽堂皇的衣橱中将包裹取出，
拆开，总统、国王与女王的侧脸，
被细绳紧紧束缚，
绳子或被解开，或被无情割断。
晨光乍现，梦境的碎片消逝，
但空气中仍然残留着芬芳的余味。

（她转过头去，
可以看出这些底片是光的精魂）

狂野、宏伟的雕塑，
在房间的角落里冥想。
聆听威胁和预言，
在说出词句时闪耀银辉。
麦穗倾泻如瀑：
高墙之外，
回荡狼群的长嚎，
来自市镇或林中的某处。

（她转过头去，
昼与夜在她颈后幽会）

狼与猎犬,成群结队的少年和少女,
四肢着地,嘶吼,环绕生霉的苹果榨汁机。
怒火抛却纸板箱和茶叶匣,
塑料袋吐出碎布烂衣,
凑到一起,足以为大海缝出一床拼布被子。
但在这狂风的怀抱中,尚有一处安宁之地,
树丛掩映间,在巨人俄里翁的观照下,有座宅邸。

(她转过头去,
避雷针会将电光送还苍穹)

浮云散去,一条蒸汽尾迹
在蔚蓝的天空中袅袅消散,
化为环绕的爱意。
印着可怕的棍棒和刀剑的纸牌,
从手中掉落,被积雪掩藏。
待冰消雪融,唯有一张红桃A
将在融雪中留存。
牌上沾着煤烟的残痕,
以及澄透的紫罗兰花瓣。
风扬起这些纸页,
发现一张深褐色的照片,确认
时间的脆弱与永恒在它的肉身中显现。

(她转过头去,
诗歌签署了它投降的文书)

罗伊·爱德华兹[2]

后记

有时，撰写这本传记的过程就像参与一场由李精心策划的寻宝之旅。她在策划旅程时带着几分嘲讽。随处是连续数日都走不通的迷宫，但不期而遇的奖赏同样俯拾即是。千差万别的线索看似杂乱无章，隐匿在法利农场的大量手稿、底片和早已被遗忘的藏品中。这些物件串联起了纽约、芝加哥、洛杉矶和巴黎，如果时间和资金允许的话，寻宝的足迹还会在欧洲、埃及和东方纵横交错。

我在寻宝路上发现的李，和同我交手多年的那个她迥然相异。当初未能更好地了解她，我对此深感遗憾。像我一样感到遗憾的人必定还有许多，因为她在世时，无论对世上的哪一个人，她都仅仅展露了自身的一小部分。正是那些与她最为亲近的人，从我所做的研究中往往会得到最大的惊喜，仿佛李在生前便已周密地筹划了一场小小的恶作剧。

注释

All quotations used in this book retain their original spelling and punctuation.

Chapter 1
1 Lee Miller, 'What They See in the Cinema' in *Vogue* (August 1956): 46.
2 Arthur Gold and Robert Fizdale, 'The Most Unusual Recipes You Have Ever Seen' in *Vogue* (April 1974): 160–87.
3 Horst P. Horst in conversation with the author, March 1984, New York City.
4 Background information on Condé Nast taken from Caroline Seebohm, *The Man Who Was Vogue*, New York 1982.

Chapter 2
1 Brigid Keenan, *The Woman We Wanted to Look Like*, London 1977, p. 136.
2 Quoted by Arturo Schwartz in *Man Ray*, London 1977, p. 321.
3 Man Ray, *Self Portrait*, London 1963, p. 168.
4 Mario Amaya, 'My Man Ray' (interview with Lee Miller), *Art in America* (May–June 1975): 55.
5 Cecil Beaton, *Vogue*, c. 1960.
6 Horst P. Horst in conversation with the author, March 1984, New York City.
7 Mario Amaya, 'My Man Ray', p. 57.
8 Ibid.
9 David Hurn in conversation with Lee Miller at Arles in 1976, reported to the author June 1984.
10 Julien Levy, *Memoir of an Art Gallery*, London 1977, p. 83.
11 'Rayograms' in *Time* (18 April 1932).
12 'Letters to the Editor' in *Time* (1 August 1932).
13 Erik Miller, tape-recorded notes, February 1979.
14 Lee Miller, unpublished ms.
15 Lee Miller, *Vogue* (August 1956): 98.
16 Julien Levy, *Memoir of an Art Gallery*, p. 121.
17 Man Ray in *This Quarter* (1932): 55. The letters from Man Ray to Lee Miller are held in the Lee Miller Archive, Burgh Hill House, Chiddingly, East Sussex.

Chapter 3
1 Unidentified newspaper article, November 1932.
2 Erik Miller, in conversation with the author, July 1974.
3 Julien Levy, *Memoir of an Art Gallery*, London 1977, p. 297.
4 David Travis, *Photographs from the Julien Levy Collection*, Chicago 1976, p. 53.
5 *New York Sun* (23 December 1932).
6 John Houseman, *Run Through*, London 1973, p. 96.
7 *Poughkeepsie Evening Star* (1 November 1932).
8 Erik Miller, tape-recorded notes, February 1979.

Chapter 4
1 The letters from Aziz Eloui and Lee to Lee's parents and Erik are held in the Lee Miller Archive, Burgh Hill House, Chiddingly, East Sussex. They were kept in Poughkeepsie by Theodore Miller, who handed them over to Lee in the mid-1960s.
2 Erik Miller, tape-recorded notes, February 1979.

Chapter 5
1 Roland Penrose, *Scrap Book*, London 1981, p. 104.
2 Ibid., p. 109.
3 Ibid., p. 118.

Chapter 6
1 Roland Penrose, *Scrap Book*, London 1981, p. 134.
2 Dave Scherman, unpublished ms.,

1983.
3 Edward Murrow, *Grim Glory*, London 1941.
4 Dave Scherman, unpublished ms., 1983.
5 Caroline Seebohm, *The Man Who Was Vogue*, New York 1982, p. 244.

Chapter 7
1 Lee Miller, 'St. Malo' in Vogue (October 1944): 51.
2 Lee Miller, 'Paris' in *Vogue* (October 1944): 51.
3 Ibid., p. 78.
4 Christine Zervos, *Pablo Picasso*, vol. 14, *Editions Cahiers d'Art*, Paris 1963.
5 Lee Miller, unpublished ms., edited to form part of 'Paris Fashion' in *Vogue* (November 1944): 36.
6 Lee Miller, 'Colette' in *Vogue* (March 1945): 50.
7 Lee Miller, 'Pattern of Liberation' in *Vogue* (January 1945): 80.
8 Henry McNulty, 'High Spirits from White Alcohols' in *House & Garden* (April 1970): 182.
9 Lee Miller, 'Hitleriana' in *Vogue* (July 1945): 74.

Chapter 8
1 Lee Miller, condensed from an unpublished ms. on Salzburg.
2 Lee Miller, condensed from an unpublished ms. on Salzburg.
3 Lee Miller, unpublished ms. on Salzburg.
4 Ibid.
5 Lee Miller, unpublished cable ms., 'Vienna'.

Chapter 9
1 John Phillips, *Odd World*, New York 1959, p. 197.
2 Lee Miller, 'Hungary' in *Vogue* (April 1946): 64, and unpublished parts of ms. of same.

3 Ibid.
4 Ibid.
5 Lee Miller, original ms. of 'Romania' in *Vogue* (May 1946): 64.
6 Ibid.
7 Ibid.

Chapter 11
1 From Patsy Murray's notebook: muddles green green chicken for eight people
4 chicken breasts (halved) – skinned and boned
2 lb celery with leaves
1 quart strong chicken stock
2 slices white toast without crusts
1 lb leeks
5 oz parsley with stalks
5 oz double cream
2 oz cooked cooled roux (in reserve)
1 oz butter
1 bouquet garni
Salt and pepper
Roughly chop celery and leaves with green tops. Put celery, leeks, parsley and toast in stock with bouquet garni and salt and pepper. Cook until very soft. Remove bouquet garni. Put all into food processor and process until smooth – aim for a thick purée soup. If too thin bring back to boil and add roux.
Put chicken pieces into hot butter to stiffen without colouring, then poach gently in purée until cooked.
Add cream. Do not bring to boil again.
Serve in large soup dishes with scones and peas.
Other parts of chicken may be used, but remove skin.
2 Roy Edwards, *Chaka Speaks and Other Poems*, London 1981, p. 93. Copyright Roy Edwards 1981. Reprinted by kind permission of Geoffrey Lawson.

致谢

李去世后，我们发现了许多装满底片、冲印照片和手稿的箱子。这些资料在审查的刀锋下变得支离破碎。多亏了《时尚》杂志的亚历克斯·克罗尔，这些资料中又多了一批《时尚》的档案室无处存放的底片。李·米勒档案馆便由此成立了。起初一切都杂乱无章，肯尼斯·克拉克花了两年时间耐心地分门别类，整理出了约40 000张底片和500张冲印照片。在瓦莱丽·劳埃德（前英国皇家摄影学会会员）、蒂姆·霍金斯、迪莉娅·哈迪和西尔维娅·马沙姆的帮助下，我太太苏珊娜对这些底片和照片进行了处理。我们非常有幸遇到了卡罗尔·卡洛，她是一位技艺超群的照片冲印师。在海伦·麦克奎兰的专业指导下，卡罗尔·卡洛为我们的展览以及本书制作了精美的照片，海伦·麦克奎兰和特里·博克索尔则对这些照片做了后期修整。

对本书的调研和出版工作有所贡献的人实在太多，我无法一一向他们表达我的感激之情。在此，我必须特别感谢罗兰·彭罗斯的帮助，我曾参考了他的《剪贴簿》一书，了解到不少关于李的事情。

我还要感谢下列人士的帮助：

美国

埃里克及玛菲·米勒夫妇、约翰及伊迪丝·米勒夫妇、西蒙·布尔金、阿尔弗雷德·德·利亚格尔、比尔、尤因、黛博拉·弗鲁姆金、罗伯特·豪尔米（"切斯皮"）、霍斯特、P.霍斯特、约翰·豪斯曼、塔尼娅·麦基（原姓拉姆）、西佩·佩内利斯、约翰·菲利普斯、奥瑞斯特·普恰尼、凯特·克萨达、戴维及罗斯玛丽·谢尔曼夫妇、艾伦·塔尔梅、戴维·特拉维斯。

巴黎

吕西安·克莱格、菲利普及延·伊基利夫妇、彼得及妮内特·里昂夫妇、朱丽叶·曼·雷、马克·里布、吕西安·特雷亚尔。

英国

弗雷德及琼·贝克夫妇、伯纳德·伯罗斯爵士及夫人、卡罗尔·卡洛、肯尼斯·克拉克、埃尔莎·弗莱彻、戴维·赫恩、康斯坦斯·凯恩、亚历克斯·克罗尔、凯瑟琳·兰姆、阿拉斯泰尔及朱莉（"汤米"）·劳森、瓦莱丽·劳埃德、亨利及贝蒂娜·麦克纳尔蒂夫妇、克劳迪娅·麦克纳尔蒂、海伦·麦克奎兰、帕齐·默里、特里及蒂米·奥布赖恩夫妇、苏珊娜·彭罗斯、戴维·西尔维斯特、艾伦·蒂勒、格尔蒂·维萨、奥德丽·威瑟斯。

图片版权

Unless otherwise stated, all photographs by Lee Miller used in this book are © Copyright Lee Miller Archives, 1985.

Portrait of Lee Miller, by Picasso, © Succession Picasso/DACS, London 1985.

All photographs by Man Ray used in this book are © Man Ray Trust/ADAGP, Paris and DACS, London 1985.

Objects by Joseph Cornell © The Joseph and Robert Cornell Memorial Foundation/VAGA, New York/DACS, London 1985.

Photographs by George Hoyningen-Huene, Guy Taylor, Christina Ockrent and Marc Riboud © The Artists' Estates, courtesy of the Lee Miller Archives.